Tucholsky Wagner Zola Scott Sydow Freud Schlegel
Turgenev Wallace Fonatne
Twain Walther von der Vogelweide Fouqué Friedrich II. von Preußen
Weber Freiligrath Frey
Fechner Weiße Rose von Fallersleben Kant Ernst Frommel
Fichte Richthofen
Engels Fielding Hölderlin
Fehrs Faber Flaubert Eichendorff Tacitus Dumas
Feuerbach Maximilian I. von Habsburg Fock Eliasberg Zweig Ebner Eschenbach
Ewald Eliot Vergil
Goethe Elisabeth von Österreich London
Mendelssohn Balzac Shakespeare Dostojewski Ganghofer
Trackl Lichtenberg Rathenau Doyle Gjellerup
Mommsen Stevenson Tolstoi Hambruch Droste-Hülshoff
Thoma Lenz Hanrieder
Dach von Arnim Hägele Hauff Humboldt
Verne Reuter Rousseau Hagen Hauptmann Gautier
Karrillon Garschin Baudelaire
Defoe Hebbel
Damaschke Descartes Hegel Kussmaul Herder
Wolfram von Eschenbach Dickens Schopenhauer Rilke George
Darwin Grimm Jerome
Bronner Melville Bebel Proust
Campe Horváth Aristoteles Voltaire Federer
Bismarck Vigny Barlach Herodot
Gengenbach Heine
Storm Casanova Tersteegen Gilm Grillparzer Georgy
Chamberlain Lessing Langbein Gryphius
Brentano Lafontaine
Strachwitz Claudius Schiller Kralik Iffland Sokrates
Katharina II. von Rußland Bellamy Schilling
Gerstäcker Raabe Gibbon Tschechow
Löns Hesse Hoffmann Gogol Wilde Gleim Vulpius
Luther Heym Hofmannsthal Morgenstern
Roth Klee Hölty Goedicke
Heyse Klopstock Kleist
Luxemburg Puschkin Homer Mörike
La Roche Horaz Musil
Machiavelli
Navarra Aurel Musset Kierkegaard Kraft Kraus
Lamprecht Kind Kirchhoff Hugo Moltke
Nestroy Marie de France
Laotse Ipsen Liebknecht
Nietzsche Nansen
Marx Ringelnatz
von Ossietzky Lassalle Gorki Klett Leibniz
May vom Stein Lawrence Irving
Petalozzi Knigge
Platon
Sachs Pückler Michelangelo Kock Kafka
Poe Liebermann
de Sade Praetorius Mistral Zetkin Korolenko

Der Verlag tredition aus Hamburg veröffentlicht in der Reihe **TREDITION CLASSICS** Werke aus mehr als zwei Jahrtausenden. Diese waren zu einem Großteil vergriffen oder nur noch antiquarisch erhältlich.

Symbolfigur für **TREDITION CLASSICS** ist Johannes Gutenberg (1400 — 1468), der Erfinder des Buchdrucks mit Metalllettern und der Druckerpresse.

Mit der Buchreihe **TREDITION CLASSICS** verfolgt tredition das Ziel, tausende Klassiker der Weltliteratur verschiedener Sprachen wieder als gedruckte Bücher aufzulegen – und das weltweit!

Die Buchreihe dient zur Bewahrung der Literatur und Förderung der Kultur. Sie trägt so dazu bei, dass viele tausend Werke nicht in Vergessenheit geraten.

Der Cid

Nach spanischen Romanzen

Johann Gottfried Herder

Impressum

Autor: Johann Gottfried Herder
Umschlagkonzept: toepferschumann, Berlin

Verlag: tredition GmbH, Hamburg
ISBN: 978-3-8424-6976-1
Printed in Germany

Text der Originalausgabe

Johann Gottfried Herder

Der Cid

Nach spanischen Romanzen

Geschichte des Don Ruy Diaz,
des Grafen von Bivar, unter König Ferdinand dem Großen

1

Traurendtief saß Don Diego,
Wohl war keiner je so traurig;
Gramvoll dacht er Tag' und Nächte
Nur an seines Hauses Schmach.

An die Schmach des edlen alten
Tapfern Hauses der von Laiñez,
Das die Inigos an Ruhme,
Die Abarcos übertraf.

Tief gekränket, schwach vor Alter,
Fühlt er nahe sich dem Grabe,
Da indes sein Feind Don Gormaz
Ohne Gegner triumphiert.

Sonder Schlaf und sonder Speise,
Schlaget er die Augen nieder,
Tritt nicht über seine Schwelle,
Spricht mit seinen Freunden nicht,

Höret nicht der Freunde Zuspruch,
Wenn sie kommen, ihn zu trösten;
Denn der Atem des Entehrten,
Glaubt er, schände seinen Freund.

Endlich schüttelt er die Bürde
Los des grausam-stummen Grames,
Lasset kommen seine Söhne,
Aber spricht zu ihnen nicht;

Bindet ihrer aller Hände
Ernst und fest mit starken Banden;
Alle, Tränen in den Augen,
Flehen um Barmherzigkeit.

Fast schon ist er ohne Hoffnung,
Als der jüngste seiner Söhne,
Don Rodrigo, seinem Mute
Freud und Hoffnung wiedergab.

Mit entflammten Tigeraugen
Tritt er von dem Vater rückwärts;
»Vater«, spricht er, »Ihr vergesset,
Wer Ihr seid und wer ich bin.

Hätt ich nicht aus Euren Händen
Meine Waffenwehr empfangen,
Ahndet ich mit einem Dolche
Die mir jetzt gebotne Schmach.« –

Strömend flossen Freudentränen
Auf die väterlichen Wangen.
»Du«, sprach er, den Sohn umarmend,
»Du, Rodrigo, bist mein Sohn.

Ruhe gibt dein Zorn mir wieder;
Meine Schmerzen heilt dein Unmut!
Gegen mich nicht, deinen Vater,
Gegen unsers Hauses Feind

Hebe sich dein Arm!« – »Wo ist er?«
Rief Rodrigo, »wer entehret
Unser Haus?« Er ließ dem Vater
Kaum, es zu erzählen, Zeit.

2

Angehört den Schimpf des Hauses,
Geht gedankenvoll Rodrigo,
Denkt an seine jungen Jahre,
Denkt an seines Feindes Macht.

»In Asturiens Gebürgen
Zählet Gormaz tausend Freunde,
Er, in Königs Rat der Erste,
Er, der Erste in der Schlacht.«

Aber wenn er die dem Vater
zugefügte Schmach bedenket,
Was bedeutet alles andre?
Recht will er vom Himmel nur.

Bravheit ist er seiner Ehre
Schuldig; schadet der die Jugend?
Für sie stirbt aus echtem Stamme
Selbst das neugeborne Kind.

Eilig langet er den Degen
Sich herab, den einst Mudarra
Führte, jener tapfre Bastard.
(Traurig hing der Degen da,

Als ob er, vor Alter rostend,
Seines Herren Tod betraure.)
Eh er noch ihn an sich gürtet,
Redet er den Degen an:

»Dir gesagt sei es, du edler
Degen, daß ein Arm dich fasset
Gleich des Bastards Arm! und fühlest
Du, daß ihm noch Stärke fehlt;

Rückwärts wird er niemals weichen,
Wenn er dich im Kampfe führet;
Edler, du von gutem Stahle,
Doch von besserm ist sein Herz.

Wert wird dessen, dem du dientest,
Der sein, dem fortan du dienest;
Würd er jemals unwert deiner,
Nun, so dienst du keinem mehr.

Tief in seine Eingeweide
Birgt er dich – Hinaus ins Freie!«
Rief er, »denn die Stund ist kommen,
Der gerechtsten Rache Zeit.«

Heimlich, daß es niemand wußte,
Ging er aus des Vaters Hause;
Und noch war es keine Stunde,
Traf er seinen stolzen Feind.

Auf dem Platze des Palastes
Traf Rodrigo auf Don Gormaz.
Einzeln, niemand war zugegen,
Redet' er den Grafen an:

»Kanntet Ihr, o edler Gormaz,
Mich, den Sohn des Don Diego,
Als Ihr Eure Hand ausstrecktet
Auf sein ehrenwert Gesicht?

Wußtet Ihr, daß Don Diego,
Ab von Layñ Calvo stamme?
Daß nichts reiner und nichts edler
Als sein Blut ist und sein Schild?

Wußtet Ihr, daß, weil ich lebe,
Ich, sein Sohn, kein Mensch auf Erden,
Kaum der mächt'ge Herr des Himmels,
Dies ihm täte, ungestraft?« –

»Weißt du«, sprach der stolze Gormaz,
»Was wohl sei des Lebens Hälfte? –
Jüngling!« – »Ja«, sprach Don Rodrigo,
»Und ich weiß es sehr genau.

Eine Hälfte ist, dem Edlen
Ehr erzeigen, und die andre,
Den Hochmütigen zu strafen;
Mit dem letzten Tropfen Bluts

Abzutun die angetane
Schande.« – Als er dies gesagt,
Sah er an den stolzen Grafen,
Der ihm nun diese Worte sprach:

»Nun, was willst du, rascher Jüngling?«
»Deinen Kopf will ich, Graf Gormaz«,
Sprach der Cid, »ich hab's gelobet!« –
»Streiche willst du, gutes Kind«,

Sprach Don Gormaz, »eines Pagen
Streiche hättest du verdient.«
O Ihr Heiligen des Himmels!
Wie ward Cid auf dieses Wort!

Tränen rannen, stille Tränen
Rannen auf des Greises Wangen,
Der, an seiner Tafel sitzend,
Alles um sich her vergaß,

Denkend an des Sohns Gefahren
Denkend an des Sohnes Jugend,
Denkend an des Sohnes Gefahren
Und an seines Feindes Macht.

Den Entehrten flieht die Freude,
Flieht die Zuversicht und Hoffnung;
Alle kehren mit der Ehre
Froh und jugendlich zurück.

Noch versenkt in tiefer Sorge,
Sieht er nicht Rodrigo kommen,
Der, den Degen unterm Arme
Und die Hand auf seiner Brust,

Lang ansieht den guten Vater,
Mitleid tief im Herzen fühlend,
Bis er zutritt, ihm die Rechte
Schüttelnd: »Iß, o guter Greis!«

Spricht er, weisend auf die Tafel;
Reicher flossen nun Diego
Seine Tränen: »Du, Rodrigo,
Sprachst du, sprichst du mir dies Wort?« –

»Ja, mein Vater! Und erhebet
Euer edles, wertes Antlitz.« –
»Ist gerettet unsre Ehre?« –
»Edler Vater, er ist tot.«

»Setze dich, mein Sohn Rodrigo,
Gerne will ich mit dir speisen.
Wer den Mann erlegen konnte,
Ist der Erste seines Stamms.«

Weinend knieete Rodrigo,
Küssend seines Vaters Hände;
Weinend küßte Don Diego
Seines Sohnes Angesicht.

Heulen und Geschrei und Rufen,
Rossetritt und Menschenstimmen
Mit Geräusch der Waffen tönte
Zu Burgos vor Königs Hof.

Niederstieg aus seiner Kammer
Don Fernando, er, der König;
Alle Großen seines Hofes
Folgten ihm bis an das Tor.

Vor dem Tore stand Ximene;
Aufgelöst das Haar, in Trauer;
Und in bittern Tränen schwimmend,
Sank sie zu des Königs Knie.

Gegenseits kam Don Diego
Mit dreihundert edeln Männern,
Unter ihnen Don Rodrigo,
Er, der stolze Kastellaner.
Auf Maultieren ritten alle,
Er allein auf einem Roß.
Bisamhandschuh trugen alle,

Er allein den Reiterhandschuh;
Alle reich in Gold und Seide,
Er allein in Waffenwehr.

Und das Volk, den Zug ersehend,
Und der Hof, als an sie kamen,
Alle riefen: »Schaut den Knaben,
Der den tapfern Gormaz schlug!«

Rings umher sah Don Rodrigo
Ernst und fest: »Ist euer einer,
Den des Grafen Tod beleidigt,
Freund, Verwandter, wer er ist;

Sei's zu Fuße, sei's zu Rosse,
Stell er sich!« Sie riefen alle:
»Dir mag sich der Teufel stellen,
Er nur, wenn es ihm beliebt!«

Ab von ihren Mäulern stiegen
Die dreihundert edle Knappen,
Ihres Königs Hand zu küssen;
Sitzen blieb auf seinem Roß

Don Rodrigo. »Steige nieder,
Sohn Rodrigo«, sprach der Vater,
»Deines Königs Hand zu küssen!« –
»Wenn Ihr es befehlt, o Vater,
Eurethalben tu ich's gern.«

6

Mit zerrißnem Trauerschleier
Sprach Ximene jetzt zum König;
Tränen schwollen ihre Augen,
Wie war sie in Tränen schön!

Schön wie die betaute Rose
Glänzte sie in ihren Tränen;
Schöner blühten ihre Wangen,
Glühend in gerechtem Schmerz.

Ihre Worte singt der Sänger,
Doch nicht ihre Blick und Seufzer.
»König«, sprach sie, »edler König,
Schaffe mir Gerechtigkeit!

Er erstach mir meinen Vater,
Er erstach ihn, eine Schlange,
Meinen Vater, der, o König,
Denk es, dir dein Reich beschützt'!«

Meinen Vater, der von Helden
Stammte, die mit ihren Fahnen
Einst Pelagius, dem ersten
Christenkönig, folgeten;

Meinen Vater, der den Christen-
Glauben selbst mit Macht beschirmte,
Ihn, das Schrecken der Almanzors,
Ihn, der Ehre deines Reiches
Ersten Sproß, in deiner Krone
Ihn, den ersten Edelstein.

Recht nur fleh ich, nicht Erbarmen;
Recht muß beistehn jedem Schwachen.
Unwert ist ein ungerechter
Fürst, daß ihm der Edle diene,

Daß die Königin ihn liebe,
Keines ihrer Küsse wert.

   Und du wildes Tier, Rodrigo,
Auf! Durchbohr auch diesen Busen,
Den ich hier in tiefster Trauer
Dir eröffne. Mord auch mich!

   Warum nicht die Tochter töten,
Der du ihren Vater raubtest?
Warum nicht die Feindin morden,
Die dir's jetzt und ewig sein wird?
Rache fodert sie des Himmels,
Und der ganzen Erde Rache,
Gegen dich!« – Rodrigo schwieg.

   Und des Rosses Zaum ergreifend,
Kehret langsam er den Rücken
Allen Feldherrn, allen Kriegern,
Wartend, ob ihm einer folge;
Aber keiner folget' ihm.

   Als Ximene dieses sahe,
Rief sie lauter noch und lauter:
»Rache, Krieger, blut'ge Rache!
Ich selbst bin des Rächers Preis!«

An der Tafel saß Fernando,
Zu Burgos im Königspalast,
Als Ximene tief in Trauer
Und in Tränen vor ihm kniete.

Mit bescheidener Gebärde
Sprach sie jammernd diese Worte:
»König, eine arme Waise,
Komm ich, suchend Euren Schutz.

Eben starb auch meine Mutter
Gramvoll, die mir unsres Hauses
Schmähung nachließ; denn der Mörder
Unsres Hauses lebet noch.

Täglich darf er sich mir zeigen,
Der großsinnig-stolze Laiñez,
Reitet täglich mir vor Augen,
Seinen Falken auf der Hand,

Der mir meine Tauben würget,
Alt und jung. Schau her, o König,
Sieh das Blut auf meiner Schürze,
Meiner jüngsten Taube Blut!

Oft hab ich's ihm untersaget;
Und was gab er mir für Antwort?
Lies, o König! Diese Zeilen
Sandt er heute mir zum Hohn«:

»An   Dona   Ximena.
Du   klagest,   einzige,   verehrte,   schöne
Ximene,
Daß   täglich   Dir   mein   Falk   die   Tauben
Komme   zu   rauben.
Sein   Herr   begleitet   ihn   –

Oh,   dürft   er   kühn
Die   einmal   sehn,   der   auf   so   harte   Art
Vom Schicksal und vom Falk er angemeldet ward!«

          Als der König dies gelesen,
Stand er auf von seiner Tafel,
Schrieb sofort an Don Diego;
Heimlich sandt er ihm den Brief.

          Wissen will den vollen Inhalt
Don Rodrigo. »Nein! bei Gott nicht!
Und bei seiner heil'gen Mutter!«
Sprach er, »laß ich Euch, o Vater,
Euch allein nach Hofe ziehn.«

Eingefallen in Kastilien
Waren Könige der Mauren
Fünf. Verwüstung, Lärm und Feuer,
Mord und Tod zog ihnen vor.

Über Burgos schon hinüber,
Montes d'Oca, Belforado,
San Domingo und Naxara
Steht verheeret alles Land.

Weggetrieben werden Herden,
Schafe, Christen, Christenkinder,
Männer, Weiber, Knaben, Mädchen;
Jene weinen, diese fragen:
»Mutter, wohin ziehen wir?«

Ruhmreich sammeln schon die Mauren
Ihren Raub, zurückzukehren;
Denn niemand begegnet ihnen,
Niemand, auch der König nicht.

Zu Bivar auf seinem Schlosse
Hörte diese Not Rodrigo;
Noch war er nicht zwanzig Jahre,
Doch an Mut war er ein Mann.

Auf sein Roß, es hieß Babieça,
Stieg er, wie hoch in den Wolken
Gott auf seinen Donnerwagen,
Und durchrannte rings das Land.

Die Vasallen seines Vaters
Bot er auf; sie waren alle
Angelangt zu Montes d'Oca
Und erwarten ihren Feind.

Guter Himmel! Von den Mauren
Zog fortan nicht einer weiter –
Aber die geraubten Herden,
Männer, Weiber, Christenkinder,
Alle ziehen ihres Weges
Froh und frei. Die fünf gefangnen
Mohrenkönige – dem König
Don Fernando schickt Rodrigo
Die Gefangnen zum Geschenk.

Auf dem Throne saß Fernando,
Seiner Untertanen Klagen
Anzuhören und zu richten,
Strafend den und jenen lohnend –
Denn kein Volk tut seine Pflichten
Ohne Straf und ohne Lohn –,

Als mit langer Trauerschleppe,
Von dreihundert edlen Knappen
Still begleitet, ehrerbietig
Vor den Thron Ximene trat.

Auf des Thrones tiefste Stufe
Kniete sie demütig nieder,
Tochter sie des Grafen Gormaz,
Hub sie so zu klagen an:

»Sechs Monate sind es heute,
Sechs Monate, großer König,
Seit von eines jungen Kriegers
Hand mein edler Vater fiel.

Viermal kniet ich Euch zu Füßen,
Viermal gabt Ihr, großer König,
Euer Wort mir, mir zusagend
Rächende Gerechtigkeit.

Noch ist sie mir nicht geworden;
Jung und frech und übermütig
Spottet Eurer Reichsgesetze
Don Rodrigo von Bivar.

Und Ihr schützt ihn, edler König,
Ihr! Denn wer von Euren Männern
Seiner sich bemächtigt hätte,
Übel wär es ihm gelohnt.

Gute Kön'ge sind auf Erden
Gottes Bild. Die ungerechten
Sind undankbar ihren treuen
Dienern, nähren Faktionen,
Haß, Verfolgung, ew'ge Feindschaft,
Seufzer und Verzweifelung.

Denkt daran, o großer König,
Und verzeihet einer Waise,
Der die Klag auf ihren Lippen
Schmerzlich Euch ein Vorwurf wird.«

»Was Ihr spracht, sei Euch verziehen«,
Sprach der König; »doch, Ximene,
Genug geredet und nicht weiter!
Euch erhalt ich den Rodrigo;
Wie um seinen Tod Ihr jetzo,
Werdet bald Ihr um sein Leben
Und um seine Wohlfahrt flehn.«

Nie erscholl ein Ruhm gerechter,
Größer nie als Don Rodrigos;
Denn fünf Könige der Mauren,
Mauren aus der Moreria,
Waren ihm Gefangene.

Und nachdem er mit Vereidung
In Vasallenpflicht und Zinspflicht
Sie genommen, sandt er alle
Wieder in ihr Land zurück.

Als nach sieben langen Jahren
(Nie war er von ihr gewichen)
Don Fernando jetzt die feste
Stadt Coimbra, fest durch Mauren
Und durch Türme, überwand,

Weihet' er der Mutter Gottes
Die prachtvollste der Moscheen;
Hier in diesem heil'gen Tempel
Hielt Rodrigo Ritterwacht.

Hier mit eignen Königshänden
Gürtet ihm das Schwert der König,
Und die Königin, sie führet
Selber ihm den Zelter zu.

Die Infantin, Doña Uraca,
Schnallt' ihm an die goldnen Sporen.
»Mutter«, sprach sie, »welch ein Ritter!
Einen schönern sah ich nie!

Glücklich ist das Bauernmädchen,
Die ihn ohne Scheu des Vorwurfs
Unanständig-niedrer Sitte
Lang anschauen nach Gefallen,

Ohne Scheu ihn sehen darf.
Glücklicher ist die Gemahlin,
Die ihm zuführt seine Mutter,
Ihm, dem Schönsten, den ich sah.«

   Also sprach die Königstochter;
Doch nicht mit der Rosenlippe,
Tief nur im verschwiegnen Busen
Sprach also ihr stilles Herz.

»Edler Ritter, Don Rodrigo,
Jung und kühn und klug und tapfer,
Strafe dich mit Schmach der Himmel,
Daß du mir mein Herz bekämpft!
Kühner! ohne zu bedenken,
Wer du bist und wer ich bin.

Daß du eine Stadt bezwungen,
Daß fünf Könige der Mauren
Du in deine Fesseln zwangest,
Daß den stolzen Grafen Gormaz
Du in früher Jugend schlugest,
Macht dich dieses so verwegen?
Welcher Spanier, o Ritter,
Tat es nicht? und wohl noch mehr!

Edel zwar bist du geboren,
Auszuüben schöne Taten;
Dem, der einzig seine Pflicht tut,
Dem ist keinen Dank man schuldig;
Und gebührt' er dir, so wisse,
Diese Pflicht ist nicht die meine,
Sie ist meines Vaters Pflicht.

Wenn ein Mangel an Vermögen
Mich dir anzunähern scheinet,
Mich, die meine Königsabkunft
Über dich so hoch erhebt,
Oh, so wisse: Königstöchter
Sind deswegen arm an Gütern,
Weil der Adel ihres Stammes
Ihnen mehr als Reichtum gilt.
Armut ist an mir kein Flecke;
Sie ist meiner Hoheit Ruhm.

Reich, das weiß ich, ist Ximene,
Darum ist's, daß du sie liebest;
Nein! nicht darum; denn, Rodrigo,
Unrecht will ich dir nicht tun.
Sie auch liebt dich – Nun, so liebet!
Mir macht es den kleinsten Kummer,
Daß der Cid Ximenen liebt.

Eines reichen Grafen Tochter
Gnüget dir, du kleiner Ritter;
Ich bin arm – bedarf ein edler
Diamant, bedarf er Gold?

Schön bist du; wie einst Narcissus.
Weise; Salomon war weiser.
Edel; deren gibt es viele.
Tapfer; Spanien erziehet
Keine Memme, Don Rodrigo.
Reich; das sind so viele Narren.
Weit berühmt; das waren viele
Mehr als du, und starben dennoch,
Eingehüllet in die Tücher
Menschlicher Vergessenheit.

Ritter, wenn dein eigner Spiegel
Dir nur deine Schönheit vorhält,
So tritt her vor meinen Spiegel,
Er erniedert deinen Stolz,
Geh dann hin zu deinesgleichen,
Ritter; eine Königstochter
Blicke nur mit Ehrfurcht an!«

Also sprach die eifersücht'ge
Königstochter Doña Uraca;
Und der Cid, er stand und schwieg.
Denn sie liebt' ihn tief im Herzen;
Und als sie nun ausgeredet,
Fuhr sie fort, mit ihrer Nadel

Ihm zu nähn die schönste Schärpe,
Die er – nicht begehrete.

In dem blühnden Ostermonat,
Da die Erde neu sich kleidet,
Da die weißbehaarte Mutter
Sich wie eine Fee verwandelt
In die schönste junge Nymphe;

Da lustwandelte der König
Von Kastilien, Don Fernando,
Er mit seinem ganzen Hofe
Vor Burgos im schönen Tal.

Und von seinem ganzen Hofe
Nahm er keinen als Rodrigo
Hin zu einer Silberquelle,
Glänzend schöner als Kristall.
Mit ihm sprach er an der Quelle;
Aller Augen sahn ihn sprechen,
Aber keines Ohr vernahm,
Was zu Cid der König sprach.

Dies sprach er: »Ich lieb Euch, Ritter!
Jung seid Ihr und brav und tapfer,
Aber noch nicht welterfahren,
Und am wenigsten versteht Ihr
Euch aufs weibliche Geschlecht.

Alle wollen sie regieren,
Und regieren denn auch wirklich;
Leider wir sind nur ihr Werkzeug;
Unsre männlichsten Gedanken,
Oft zerstörte sie – ein Weib.

Gleich als hätte Gott zuletzt noch
In sein schönes Haus, die Schöpfung,
Deshalb nur die Frau geführet,
Daß *durch sie* und *für sie* alles,

Alles je geschehen sollte,
Sonder Schein, daß *sie* es tut ..

   Junger Mann, die Frauen kennen
Ist dir nützlich; dieses Wissen
Übersteiget jedes andre;
Doch *zu* weithin – forsche nicht.

   Dir sonst könnt es auch so gehen
Wie dort jenem alten Weisen:
Weil er ihn nicht fassen konnte,
Stürzet' er sich in den Schlund.

   Das Geheimnis ist – der Weiber
Macht auf unsre Männerherzen.
Dies Geheimnis steckt in ihnen
Tief verborgen, Gott dem Herren,
Glaub ich, selber unerforschlich.
Wenn an jenem großen Tage,
Der einst aufsucht alle Fehle,
Gott der Weiber Herzen sichtet,
Findet er entweder alle
Sträflich oder gleich unschuldig;
So verflochten ist ihr Herz.

   Ungeheur ist die Entfernung
Zwischen einem Mann und Mädchen,
Und durchaus zum Vorteil dieser;
junger Mann, weißt du, warum?

   Darum: Männer gehen vorwärts;
Und das Weib – es sieht sie kommen.
Er veranschlagt; sie begegnet
Seinen Planen – weißt du, wie?

   Sieh dort jenen leichten Vogel,
Der von Zweig zu Zweige hüpfet;
Necken wird er lang den Jäger,
Der ihm folget Schritt vor Schritt.

Vor dem Angesicht des Eigners
Wird er seine schönsten Früchte
Naschen, weil er ohne Waffen
Ihn da vor sich stehen sieht.
Und was haben gegen Weiber
Wir, die Männer, wohl für Waffen?
Deshalb dann regieren sie.

Und hiebei ist keine Ausnahm;
Jede gleicht hierin der andern.
Junger Mann, der Weisheit Regel
Rät, sich zu vermählen – nie.«

Also sprach zu Cid der König,
Der dadurch ihn prüfen wollte;
Hört, was er antwortete!

13

An dem Rand der Silberquelle,
Als der König ausgesprochen,
Nahm der Cid also das Wort:

»Freilich bin ich jung, o König,
Für die Regeln alter Weisheit;
Aber, das Gesetz der Ehre
Zu verstehen, nicht zu jung.

Denn aus gutem Blut erzeuget
Und genährt in guter Schule,
Spricht die Ehre mir: Erhalten
Muß ein Edler sein Geschlecht;

Muß dem Vaterlande dienen,
Muß in Rat und Tat dem Herren
Hold und treu sein und gewärtig,
Muß ihm beistehn mit Gewicht;

Dazu also einen Namen,
Einen hohen Baum sich pflanzen,
In des Schatten auch der Fremde
Ruh und Schutz und Rettung sucht.

Muß der Kirche, muß dem Staate
Kinder geben, die ihm gleichen;
Dies ist mein Gesetz der Ehre,
Das Vermählung mir gebeut.

Wer das heil'ge Band der Ehe
Flieht, o König, der verleugnet
Feige, wie ein Überläufer,
Väter und Religion.

Er zerreißt den Zaum der Ehre,
Trennt das Band, das ihn an Menschen,

Das an sein Geschlecht ihn knüpfet
Und an andere Geschlechter;
Dafür wird er hart gestraft.

Den entlaufenen Verächter
Straft Verachtung aller Edeln;
Jedermann erscheint er nutzlos
Und unwürdig seines Stamms. –

Was das Regiment der Frauen
Anbetrifft, o großer König,
So ist meine Meinung dies:

Sie regieren wie die Diener
Über fehlerhafte Herren.
Wer zur Decke seiner Mängel
Ihrer nicht vonnöten hat,
Gegen eine Welt von Feinden
Ist er stark und stehet sicher.
Sonderlich im Punkt der Ehre
Gab kein Weib dem Mann Gesetze;
Durft auch nie ihm solche geben;
Das Vergnügen ist ihr Feld.

Und da mögen sie regieren;
Sie verstehn darauf sich besser,
Besser, dünkt mich, als die Männer –
Dies ist meine Meinung, Herr.

Und was anlangt ihre Gleichheit,
Unterwerf ich mich der Meinung
Meines Lehnherrn. Alle taugen
Nicht, sobald der Mann nicht taugt.

Also nehm ich's gegen alle
Auf, zu Roß und auch zu Fuße;
Nur behaupt ich, jedes Weibes
Fehler ist des Mannes Schuld.

Eine Bitte noch, o König,
Vor dem Ende des Gespräches:
Zur Vermählung mit Ximenen,
Waise jetzt des Grafen Gormaz,
Bitt aus königlicher Gnade
Ich mir die Bewilligung.«

An dem Rand der Silberquelle
Gingen jetzt sie auseinander,
Don Fernando und der Cid.

Rodrigo

In der stillen Mitternacht,
Wo nur Schmerz und Liebe wacht,
Nah ich mich hier,
Weinende Ximene
– Trockne deine Träne! –,
Zu dir.

Ximene

In der dunkeln Mitternacht,
Wo mein tiefster Schmerz erwacht,
Wer nahet mir?

Rodrigo

Vielleicht belauscht uns hier
Ein uns feindselig Ohr;
Eröffne mir –

Ximene

Dem Ungenannten,
Dem Unbekannten
Eröffnet sich zu Mitternacht
Kein Tor.
Enthülle dich!
Wer bist du, sprich!

Rodrigo

Verwaisete Ximene,
Du kennest mich.

Ximene

Rodrigo, ja, ich kenne dich,
Du Stifter meiner Tränen,
Der meinem Stamm sein edles Haupt,
Der meinen Vater mir geraubt –

Rodrigo

Die Ehre tat's, nicht ich. Die Liebe will's versöhnen.

Ximene

Entferne dich! Unheilbar ist mein Schmerz.

Rodrigo

So schenk, o schenke mir dein Herz;
Ich will es heilen.

Ximene

Wie? Zwischen dir und meinem Vater, ihm!

Mein Herz zu teilen? –

Rodrigo

Unendlich ist der Liebe Macht.

Ximene

Rodrigo, gute Nacht.

15

Als der König Don Fernando
Von Rodrigo und Ximenen
Beider Wort und Treu empfangen,
Zu vergessen allen Haß

Und deshalb sich vor dem guten
Frommen Bischof Luyn Calvo
Zu vermählen – denn die Liebe,
Sie allein verzeihet ganz –,

Gab er, um den Cid Ximenen
Gleichzumachen an Vermögen,
Valduerna und Saldaña,
Belforado und San Pedro
De Cardeña gab er ihm.

Herrlich ging am Hochzeittage
Auf die Sonne. Don Rodrigo,
Abgelegt die Waffenrüstung,
Kleidet sich mit seinen Brüdern
Hochzeitlich und fröhlich an.

Echt walloner Pantalone,
Mit Scharlach gezackte Schuhe,
Fein an Leder; zween Stifte
Hefteten sie fest und enge
An den kleinen, netten Fuß.

Jetzo zog er an die Weste,
Eng anliegend, ohne Borten,
Dann die schwarze Atlasjacke,
Wohlgepufft, mit weiten Ärmeln.
(Wenig hatte sie sein Vater
Nur getragen.) Auf den Atlas
Fiel von ausgezacktem Leder
Breit anständig das Kollet.

Und ein Netz von goldnen Fäden,
Eingewirkt in grüne Seide,
Schloß sein Haar ein. Auf dem Hute
Von Cortrayer feinem Tuche
Hob sich eine Hahnenfeder
Wunderbarlich hoch und rot.

Schön befranst bis auf die Hüfte
Reichet ihm die Jazerine;
Und um seine Schultern spielet
Ausgeplüscht ein Hermelin.

Und der unverzagte Degen,
Tizonada war sein Name.
Er, das Schrecken aller Mauren,
Hängt in schwarzen Sammetbändern
An dem festen, tapfern Gurt.
Ausgezackt, gefaßt mit Silber
War der Gurt; ein feines Schnupftuch
Wohlgefaltet hing an ihm.

So gekleidet ging der edle
Cid, begleitet von den Brüdern,
Hin zum weiten Kirchenplatz,
Wo der König und der Bischof
Und die Herrn des Hofes alle
Mit Ximenen ihn erwarten,
Mit Ximenen, seiner Braut.

Sittsam stand sie da, Ximene;
Von elastisch feiner Leinwand
Puffte ihre Flügelhaube;
Von dem feinsten Londner Tuche,
Wohl garniert war ihre Kleidung,
Die von Schultern zu den Füßen
Barg und zeigte ihren Wuchs.
Auf zwei rosigen Pantoffeln
Stand als Königin sie da.

Ihren Hals umschlang ein Halsband;
An ihm hingen acht Medaillen,
Einer Stadt an Werte gleich;
Und die reichste unter ihnen,
Den Sankt Michael darstellend,
Schwer von Perlen und Juwelen,
Hing Ximenen an der Brust.

So begaben die Verlobten
Zum Altar sich; vorm Altare,
Eh der Braut die Hand er reichte,
Sah er mit dem Blick der Liebe
Und sprach zu ihr, tief beschämt:

»Fräulein, einen Mann von Ehre
Leider hab ich Euch getötet;
Denn es wollt es Ehr und Pflicht.
Diesen Mann geb ich Euch wieder,
Und was Ihr mit ihm verloret,
Vater, Freund, Verwandter, Diener,
Alles geb ich Euch, mit allem
Mich Euch, Euren Ehgemahl.«
Aus zog er den kühnen Degen
Vorm Altare, kehrt' zum Himmel
Seine Spitze: »Mich zu strafen«,
Sprach er, »diene dieser da,
Wenn mein Leben lang den Eidschwur
Ich verletze, Euch zu lieben
Und Euch alles zu ersetzen,
Wie ich Euch vor Gott gelobt. –
Und nun auf, mein guter Onkel,
Luyn Calvo, segnet uns!«

Vom Altar und aus der Kirche
Zog die Hochzeitfeier prächtig.
Stattlich an Ximenens Seite
Ging der König, der Vermählten
Vormund; an Rodrigos Seite
Ging der fromme, gute Bischof;
Dann der Herren langer Zug.

Wohl durch einen Ehrenbogen
Ging der Zug hin zum Palaste.
Ausgehängt aus allen Fenstern
Hingen goldgestickt Tapeten,
Und den Boden deckten Zweige,
Frische Kräuter, Rosmarin.

Auf den Straßen, auf den Gassen
Längs hinan bis zum Palaste
Tönet in getrennten Chören,
Unter Saitenspiel und Cymbeln,
Glückwunsch, Freud und Lustgesang.

Alvar Fañez (unter allen
Freunden Cids ihm stets der Erste),
Jetzt, von Dienern reich begleitet
Und geschmückt mit schönen Hörnern,
Zeigt er prächtig sich als Stier.

Antolin auf einem Esel,
Ihn gleich einem Rosse tummelnd;
Martin Pelaëz mit Blasen
Voller Erbsen, die er auswarf,
Allem Volk zur lauten Lust.

Herzlich lacht darob der König,
Gab dem Pagen, der den Damen
Zum Erschreck den Teufel spielte,

Eine Handvoll Maravedis,
Auszuwerfen unters Volk.

Also führete der König
Sich zur rechten Hand Ximenen,
Und die Königin empfing sie;
Hinter ihr die Herrn vom Hofe;
Froh und freier ward der Zug.

Weizen warf man aus den Fenstern,
Daß der Hut des Königs selber,
Daß Ximenens Busenkrause
Dicht und voll von Weizen lag.
Körn- nach Körnchen las der König
Selbst ihn aus Ximenens Krause
Vor der Kön'gin Angesicht.

Alvar Fañez, der es ansah,
Rief als Stier: »Wohl möcht ich lieber
Statt des Kopfes meines Königs
Jetzt besitzen seine Hand.« –
»Gebt ihm einen Korb voll Weizen«,
Sprach der König, »und Ximene,
Angelanget im Palaste,
Ihr umarmt ihn für den Scherz!«

Aber von Ximenens Seele
War das taumelnde Gelächter
Weit entfernt; sie ist zu glücklich,
Als daß sie sich lustig zeige.
Mehr spricht ihr gerührtes Schweigen
Als die lauteste Fröhlichkeit.

Zu dem hochverehrten Sitze
Pedros, den der Bischof Victor
Damals einnahm, trat der Deutschen
Kaiser, Heinrich war sein Name,
Klagend trat er so vor ihn:

»Gegen König Don Fernando
Von Leon und von Kastilien,
Heil'ger Vater, klag ich hier.
Jede Christenmacht erkennet
Mich für ihren Herrn und Kaiser;
Er verweigert mir die Ehre,
Er verweigert uns Tribut.

Zwingt ihn dazu, Heil'ger Vater,
Zu Erhaltung wie des Glaubens
So auch unsrer beider Reich.«

Drohende Befehle sandte
Victor jetzt zu Don Fernando,
Einen Kreuzzug ihm ankündend,
Wenn er nicht dem Heil'gen Stuhle
Und dem Kaisertum der Deutschen
Ehr und Gaben willigte.

Lange stand Kastiliens König
In Gedanken, wohl erwägend,
Wenn die Sache fürder schritte,
Die Gefahren seines Reichs.
Alle rieten nachzugeben,
Nachzugeben größrer Macht.

Nur der Cid – er war abwesend;
In der ersten Zeit der Liebe
Schlummernd an Ximenens Brust –,
Aber als er von der Botschaft

Und von Königs Rat gehöret,
Eilt' er und sprach zu ihm so:

»Ach, zum Unglück Eures Reiches
Wäret Ihr geboren, König,
Wenn, solang Ihr lebt, ein andrer
Hier geböt in Eurem Reich.

Nimmermehr soll es geschehen,
Solang Ihr lebt und ich lebe!
Denn, o König, jede Ehre,
Die Euch Gott gab, zu erhalten,
Ist uns, Euren Dienern, Pflicht.
Wer Euch anders riet, o König,
Riet Euch sonder Überlegung
Und vermindert Euren Ruhm.
Fodert sie heraus, die Droher!
Die Ausfodrung ist des Königs,
Die Ausführung ist des Kriegers.
Fodert sie! Ich nehm es auf.

Denkt, o König, und bedenket,
Wir erwarben Euch Kastilien,
Wir mit Ehre, Gut und Blut;
Eher gäb ich auch mein Leben
Hin, eh diese fremden Wespen
Zehren sollen unsre Beute,
Ernten unsrer Siege Frucht.
Denn, o König, gebt Ihr ihnen
Etwas, oh, so bleibt Euch – nichts.«

Und so führt der unverzagte
Cid zehntausend wackre Männer
Durch die Alpen hin ins Feld.
Ihm entgegen zog Graf Raimond
Von Savoyn mit vielen Rossen;
Doch der Cid, er schlug den Grafen,
Macht' ihn selber zum Gefangnen,

Und nur gegen seiner Tochter
Geiselschaft gab er ihn los.

Auf der Welt das schönste Fräulein,
Ward sie Königes Geliebte,
Und der Sohn, den sie erzeugten,
Ward der Kirche Kardinal.

Auch der König der Franzosen
Sandt dem Cid ein Heer entgegen,
Das er schnell zerstreuete;
Da er dann mit seinen Tapfern
In Italien also waltet,
Daß in Eile Papst und Kaiser,
Beide des Tributs vergessend,
Botschaft senden zu Fernando,
Nur den Cid hinwegzuziehn.

Und so kehrete der Feldherr
Stolz zurück mit seinen Tapfern.
Seine königliche Rechte
Reicht' ihm dankend Don Fernando.
Oh, wie war der Cid so fröhlich
Über seines Königs Dank!

Gen Zamora, wo der König
Eben Hof hielt mit den Edeln,
Kamen maurische Gesandte
Zu Rodrigo von Bivar.

Von fünf Königen der Mauren,
Die er einst in Pflicht genommen,
Waren sie die Abgesandten,
Ihm zu reichen den Tribut.

Hundert Pferd Araberstammes,
Edle Rosse, drunter zwanzig
Weiße, zart wie Hermelin,
Zwanzig apfelfarbne graue,
Dreißig rote, dreißig braune,
Allesamt mit reichen Decken
Überlegt und stolz gezäumet.

Für Doña Ximena brachten
Reichen Schmuck sie an Juwelen,
Zwei kostbare Hyazinthen;
Auch zwei Kisten Seidenstoffe,
Ihren Knappen zur Livrei.

Ehrerbietig, wie Vasallen,
Naheten sie ihrem Lehnherrn,
Nannten ihn: Gebieter, Cid.
»Freunde«, sprach der Cid, »ihr irret;
Wo mein Herr, der König, Hof hält,
Bin ich selber ein Vasall.
Der Tribut, den ihr mir bringet,
Er gehöret meinem Herrn.«

»Sagt«, erwiderte der König,
»Euren Herren, daß ihr Lehnherr
Kein Monarch zwar sei, doch leb er

Mit Monarchen. Ich besitze
Nichts, was ich nicht ihm verdanke,
Meinem Feldherrn, eurem Cid.«

Also kehrten die Gesandten
Rückwärts, ohne recht zu wissen,
Wer Vasall und König sei.

Sehnlich wartete Ximene
In den Sälen ihres Palasts,
Sehnlich harrt' sie auf Rodrigo;
Denn die Stunde der Entbindung
Naht, die grausamsüße Stunde,
Ihres Lebens, wie sie hoffet,
Freudenreichster Augenblick.

Eines Morgens, es war Sonntag,
Meldeten sich ihr die Schmerzen,
Und es badet sich in Tränen
Ihr bescheidnes Angesicht.
Seufzend nimmt sie ihre Feder,
Manche, manche zarte Klage,
Mehr als tausend liebevolle
Bitten schreibt sie dem Gemahl,
Den sie wohl erweichen könnten,
Wenn die Ehre nicht in Felsen
Wandelte der Helden Herz.

Nochmals nimmt sie jetzt die Feder,
Und mit neuer Klag und Seufzen
Schreibt sie auch an ihren König,
An den edelsten der Welt:

»Guter, weiser, großer König,
Sieghaft und gerecht und bieder,
Eure Dienerin Ximene
Klaget vor Euch über Euch.

Scherz nur war es, Don Fernando,
Eurer königlichen Laune,
Die mir den Gemahl einst gab;
Denn wohl wenig junge Frauen
Waren weniger vermählet,

Als ich bin – verzeiht, o König! –,
Und allein durch Eure Schuld.

   Diesen Brief schreib ich in Burgos,
Wo mein Leben ich verwünsche
Und auch Euch viel Böses will;
Denn von den Geboten Gottes
Welches gibt Euch Recht, o König,
Ehgenossen, also lange
Sie zu trennen und so oft?

   Welches gibt Euch Macht, o König,
Mir aus einem zarten Manne,
Artig, liebenswert, bezaubernd,
Aller Welt zum wüsten Schrecken
Einen Löwen zu erziehn?

   Sechs Monate, Tag' und Nächte,
Haltet Ihr ihn fest im Zügel;
Und wohl einmal kaum im Jahre
Sieht er seine Gattin, mich.

   Und wie kommt er? Blutgebadet
Bis zu Füßen seines Pferdes;
Wenn ich dann mit meinen Armen
Ihn umfange, schläft er ein;

   Träumet wie ein Wildbeseßner
Schlachten, Kämpfe. Kaum noch taget
An dem Firmamente drunten
Der Aurora frühster Strahl,

   Ohne mich nur anzuschauen,
Ob ich wache, ob ich schlafe,
Springt er auf. Mit welchen Tränen,
Großer Gott, empfing ich ihn!
Vater wollt er mir und alles,
Vater und Gemahl mir sein!

Alles fehlet der Verlaßnen
Jetzo, Vater und Gemahl.

Tut Ihr dies, um ihn zu ehren.
König, des bedarf er nicht.
Längst war er der Vielberühmte;
Eh am Kinn der Bart ihm sproßte,
Waren Könige der Mauren
Fünf ihm schon Gefangene.

Königlicher Herr, den letzten
Augenblick erwart ich bald;
Bald wird er Euch Nachricht geben –
Und ich fürchte fast, die Tränen,
Die dem Vater ich vergossen,
Schadeten vielleicht dem Kinde,
Das an meinem Herzen schläft.

Guter König, also schreibet
Mir in Eures Herzens Sprache:
Wollt Ihr den Gemahl mir senden?
Oder wollt Ihr, daß die Gattin
Eures ehrenvollsten Feldherrn
Ihm den Erstgebornen bringe,
Einen Waisen, vaterlos?

Nachschrift

Und noch eins, o guter König:
Werfet meinen Brief ins Feuer,
Daß nicht Eurer Höfling' einer
Ihn belache! Denkt daran!

Und auch daran, Don Fernando,
Daß statt meines Ehgemahles
Mir nur seine alte Mutter
Blieb, die mir zur Seite schläft.«

Zehn Uhr war's am frühen Morgen,
Als der König seinem Schreiber
Rief und foderte Papier.
Mit vier Punkten und dem Zuge
Paraphiert er Kreuz und Namen,
Und also antwortet er:

»Edle, sittsame Ximene,
Meinen Gruß Euch ehrerbietig,
Meine Hochachtung und Gunst!

Ihr beklagt um den Gemahl Euch
Gegen mich, Doña Ximene.
Wenn ich ihn zum Nachteil Eurer,
Mir zur Lust zurückbehielte,
Klagtet Ihr mit vollem Recht;
Aber da die Heidenkriege,
Die auf meinen Grenzen stürmen,
Ihn rückhalten, ist es meine
Oder ist es seine Schuld?

Daß er nicht in Euren Armen
Stets geschlafen, dies beweiset,
Edle Doña, Euer Brief.
Also glaub ich auch der Furcht nicht,
Daß Ihr einen vaterlosen
Säugling in dem Schoße tragt.

Drängt ihn nicht, zurückzukommen,
Euren Ehgemahl! Er hörte,
Auch an Eurer Seite hört' er
Mit Unlust die Kriegsschalmei.
Und wenn er nicht Feldherr wäre,
Saget mir, was wärt Ihr beide?
Edelmann und Edelfrau.

Hatt er Könige der Mauren
Fünf als Jüngling zu Vasallen,
Wollte Gott, er hätte deren
Fünfmal fünf! Denn um so minder
Hätte Feinde jetzt mein Reich.

Kann er also nicht, Ximene,
Bei Euch sein im Augenblicke,
Wo Ihr ihn so sehnlich wünscht,
So erlaubt mir, edle Mutter,
Daß ich seinen Platz vertrete!
Denn ich glaub es, nur der König
Ist für ihn des Platzes wert.

Euern Brief sollt ich verbrennen?
Sehen sollen ihn die Lacher
Meines Hofes, tief beschämt.
Daß Ihr meinen nicht verbrennet,
Zeichne ich ihn zum Kontrakte
Und verbinde mich, Ximene:
Ist's ein Sohn, den Ihr gebäret,
Geb ich Zelter ihm und Degen
Mit zweitausend Maravedis,
Ihm, dem Ritter, zum Geschenk.
Ist es eine Tochter, setz ich
Vierzig Mark an gutem Silber,
Vom Geburtstag an, ihr aus.

Und so lebet wohl, Ximene!
In der Stunde Eurer Schmerzen
Helf Euch die hülfreiche Mutter,
Aller Himmel Königin!

Nachschrift

Eben kommt, ich hör ihn kommen,
Euer ernster, lauter Feldherr,
Mir die Lektion zu lesen,
Daß ich nicht zu Felde bin.«

21

Ehren, Glück und Macht und Güter,
Aller Ruhm und Pracht der Erde,
Eine leichte Wasserblase
Seid ihr, auf dem Lüftchen schwebend
Einen kurzen Augenblick.

Don Fernando, er, der Große
– Und mit Recht so zubenamt –,
Spaniens Monarch und Kaiser
Liegend auf dem Todesbette.
Seine letzte Stund erwartend,
Denkt er nur der Ewigkeit.

Ausgeteilet hatt er alle
Reich und Güter seinen Söhnen. –
Welche Stimme schallt auf einmal
In den traurigen Gewölben
Des Palastes? Der Infantin
Doña Uraca Stimme ruft.

Weinend tritt sie vor den König,
Traurendtief im Trauerschleier,
Nahet sich dem Bett des Vaters,
Fällt aufs Knie vor seinem Bette;
Die verehrte Hand ihm küssend,
Flehet sie ihn also an:

»O mein Vater, unter allen
Göttlich-menschlichen Gesetzen
Nennet mir, was Euch verbindet,
Eure Töchter für die Söhne
Zu enterben! Ausgeteilet
Habt Ihr Eure Reich und Länder
Meinen Brüdern und vergaßet,
Vater, und vergaßet mich.

Also bin ich Eure Tochter
Nicht, Señor; denn wenn ich's wäre,
Wär ich auch nur Euer Bastard,
Hätte, meiner zu gedenken,
Euch erinnert die Natur.

Hab ich, königlicher Vater,
Diese Schmach um Euch verdienet,
Nun, so nennet meine Schuld!
Nennet Ihr sie nicht, was werden
Fremde Völker von Euch sagen?
Sagen alle edle Männer,
Wenn sie von dem Unrecht hören,
Das Ihr, stets gerechter König,
Einer Unbescholtnen tut?

Männer, in die Welt eintretend,
Bringen, Güter zu erwerben,
Kräfte sich und Ansehn mit.
Was sie sich erwerben konnten,
Müßigen zu hinterlassen,
Hieße das nicht, edler Vater,
Seine Söhn erniedrigen?
Aber sagt: was kann die Tochter,
Was kann sich ein Weib erwerben?
Hingeworfen auf die Erde,
Hat sie nichts als des Gehorsams,
Als des Dienens niedern Lohn.

Wenn Ihr mich enterbet, Vater,
Ohne Land und ohne Boden
Muß mich in die Fremde flüchten,
Muß – verzeiht ein hartes Wort mir! –,
Eure Härte zu verbergen,
Muß die Tochter Euch verleugnen,
Weil Ihr sie verleugnetet.

Wohl, so geh ich dann als Pilgrim
In die Welt. In meinen Adern

Wallet königliches Blut;
Dessen fürcht ich zu vergessen,
Weil mein Vater es vergaß.«

    Also sprach mit lautem Weinen
Die Infantin Doña Uraca.
Als sie ausgeredet hatte,
Wartete sie auf die Antwort
Ihres Vaters, der im Sterben
War, des Königs letztes Wort.

22

Königen den Mund zu schließen,
Darf es oft nur eines Weibes
Freier Rede. Don Fernando,
Eine Beute jetzt des Todes,
Hörend seiner Tochter Klagen,
Hatte Kraft genug, zu seufzen
Über ihre stolze Kühnheit,
Aber kaum genug der Kräfte
Zu antworten. Lange sucht' er
Worte, bis er also sprach:

»Tochter, flössen Eure Tränen,
Die Ihr jetzt um eitle Güter
Weinet, so um Euren Vater,
Sie verlängerten, ich glaub es,
Selber noch mein Leben jetzt;
Aber da Ihr, stolze Tochter,
Hier vor meinem Todesbette
Nur um Erdegüter weint,
So bedenkt, was nehm ich jetzo
Sterbend mit mir aus der Welt?

Und ich dank es meinem Schöpfer,
Daß er mir, Euch zuzureden,
Euch zu reinigen die Seele,
Kraft noch und Vermögen schenkt.
Graden Weges geht zum Himmel
Jetzo, hoff ich, meine Seele;
In dem Feuer Eurer Worte
Litt sie ihre Läutrung schon;
Denn bedenket es, o Tochter:
War die Stunde meines Scheidens,
Mich noch also zu betrüben,
Ein erlesner Augenblick?

Eurer Brüder Reich' und Güter
Neidet Ihr und wollt nicht sehen,
Daß mit dem Besitz ich ihnen
Auch auflege Pflicht und Last?
Pflicht, die Länder zu beschützen,
Last, sie weise zu regieren.
Alles des bedürft Ihr nicht.
Sie vielleicht sind arm bei vielem,
Ihr bei wenigem die Reiche;
Denn Personen Eures Standes,
Denen niemand gleich sich schätzt,
Was bedürfen sie für Reichtum
Als, ihr Leben hinzuleben,
Eines Klosters Einsamkeit!

Freilich seid Ihr meine Tochter,
Denk ich, aber eine eitle;
Wohl dacht ich an Eitelkeiten,
Als ich Euch erzeugete.
Euch trug eine edle Mutter;
Aber eine böse Amme
(Denn das zeugen Eure Reden)
Säugte Euch mit schlechter Milch.

Drohet Ihr, in fremde Lande
Euch zu flüchten; wer, o Tochter,
So der Zunge läßt den Zügel,
Reißet auch der Ehre Zaum;
Längst hatt er ihn schon zerrissen,
Als er so verwegen sprach. – –
Leichter wird mir's, die Verwirrung
Eures Kopfes zu gedenken,
Tochter, als daß meines Blutes
Also Euer Herz verdarb.

Euch, die Schwestern, sollten Eure
Brüder – dieses war mein Wille –
Unterhalten; jetzt befehl ich,
Um mit mir den Segen aller

Meiner Kinder mitzunehmen,
Jetzt befehl ich – höret mich:

Arm will ich Euch nicht verlassen,
Seit Ihr, was Ihr sprachet, spracht.
Edel ist Dein Blut, Uraca,
Doch ich kenne Dein Geschlecht.
Also meine Stadt Zamora
Laß ich dir, die wohlverwahrte,
Wohlbevölkerte. Dich werden
Tapfre Männer in ihr schützen
Und dir solche Ehr erzeigen,
Daß der Ehre zu gedenken
Du durch sie gezwungen wirst.
Ob mich deine jüngste Schwester
Gleich mit keinen Bitten anging,
Setz ich ihr, wie dir Zamora,
Das Gebiet von Toro aus.

Dieses ist mein ernster Wille;
Und wenn meiner Söhne einer
Euer Erbteil Euch zu rauben
Je gedenkt, dem geb ich meinen
Schwersten väterlichen Fluch!«

Alle, die den König also
Reden hörten, sprachen: »Amen!
Fluch dem Räuber seiner Schwestern!
Schrecklich treff ihn Tod und Fluch!«
Don Garzia, Don Alfonso
Sprachen Amen; doch Don Sancho,
Er allein in der Versammlung
Vor dem Bett des Vaters – schwieg.

Geschichte Cids, Grafen von Bivar,
unter König Don Sancho, genannt der Starke

23

Lärm und Schlachten, Blut und Feuer,
Kriegesstimmen allenthalben,
Trommeln, Pauken und Drommeten
Schallen in Kastilien laut.

Denn kaum hatte mit den Brüdern
Seines Vaters Sarg Don Sancho
Mitbegleitet an die Gruft,
Steigt er auf sein Roß, und blasen,
Blasen läßt er allenthalben
Gegen seine Brüder Krieg.

Die Vasallen seines Reiches
Bot er auf; nicht seine Rechte
An der Brüder Land zu prüfen,
In das Treffen sie zu führen,
Rief er sie bei Ehr und Pflicht.

»Ach, Rodrigo«, sprach Ximene,
»Also hast du sie beschlossen,
Meine Leiden!
Eins von beiden
Soll ich missen,
Eins aufgeben –
Wohl mein Leben
Oder mindstens die Geduld.

Meiner Treue mich zu rühmen
Stehet mir nicht an; der Liebe
Ist treu sein die schönste Pflicht.
Nur wie dürft Ihr mir, der Treuen,
Mir, der Liebenden, Rodrigo,
Von so langem Abschied sagen?

Ach, beschlossen ist's, beschlossen,
Eins von beiden
Soll ich meiden,
Eins aufgeben –
Wohl mein Leben
Oder mindstens die Geduld.

Wenn ich Euch verehrend liebe,
Denkt Ihr nicht daran, Rodrigo,
Daß die Zeit ja alles, alles
Rückwärts führe? Daß im Herzen
Auch der tiefsten Liebe Wurzel
Sterbe, wenn man sie nicht pflegt?
Zwar ist dies Euch keine Drohung;
Denn in Worten wie in Taten
Kann Ximene den Rodrigo
Nie beleid'gen. Eifersüchtig
Könnte sie als Kind nur – sterben.

Ja, es ist, es ist beschlossen!
Eins von beiden aufzugeben.
Die Geduld oder mein Leben.

Undankbare Männerherzen!
Euch entflammt der Weiber Leichtsinn;
Die Beständigkeit des Weibes
Tötet eurer Liebe Glut.
Kennten wir euch recht, ihr Männer,
Würden wir euch je vertraun?
Sprich mir auf dein Herz, Rodrigo:
Denkst du noch an jene Schwüre,
An die süßen Schmeicheleien,
An die Tränen und Gelübde,
Die du einst mir treu gelobt?
Alles ist dir aus der Seele,
Aus dem Herzen dir verschwunden;
Wie ein Lüftchen überm Sande
Hat die Zeit es fortgeweht.« –

Zärtlich küssete Ximenens
Angesicht der tapfre Feldherr,
Schwur ihr auf den Griff des Degens,
Schwur ihr, treu zurückzukommen,
Sei's lebendig oder tot.

Lange führeten die Brüder,
König Sancho in Kastilien,
In Galizien Don Garzia,
An der Reiche Grenzen Krieg.
Endlich trafen sie zusammen;
Und von beiden Seiten fielen
Tapfre Männer, bis Don Sancho,
Sancho selbst gefangen ward.
Nahe war's, daß, der mit Unrecht
Krieg begonnen, ihn mit Schande
Endigte; denn unter allen
Streitenden war König Sancho
Wohl an Leibeskraft der Stärkste,
Doch der Feigeste an Mut.

Alvar Fañez, er, der erste
Freund des Cid, kaum sieht den König
Er gefangen, drängt er stürmend
An den Platz des Unglücks ein.
»Laßt den König, ihr Verräter!«
Ruft er wütend, und sie flohen,
Die harten Asturier.

Frei stand also König Sancho.
Doch die Schlacht, sie war verloren;
Übrig waren dem Befreiten
Kaum sechshundert Kastilianer.
Wie? Sechshundert Kastilianer?
Für die ganze weite Erde
Sind sie gnug, wenn Cid sie führt!

An kommt er. Auf seinem Rosse,
Als ihn Sancho kommen siehet,
Ruft er laut zu seinem Heer:
»Auf, von neuem in das Treffen!
Bald ist jetzt das Schlachtfeld unser,

Denn der Cid ist da! Willkommen,
Cid! Ihr kommt zu rechter Zeit.«

Ernst antwortet ihm Rodrigo:
»Und Ihr, Herr, zu sehr unrechter
Träfet Ihr auf diesen Platz.
Besser wäret Ihr am Grabe
Eures Vaters stehngeblieben,
Betend, mit gefaltnen Händen,
Als im ungerechten Kriege
Mit dem Bruder einzuernten
Eures Vaters harten Fluch.

Ungern nehm ich Don Garzia
Jetzt gefangen; für die Ehre,
Für den Dienst muß ich es tun,
Muß ihn nehmen, oder sterben
Als ein Kriegsmann. Euch, o König,
Bringet hier in diesem Felde
Weder Sieg noch Niederlage
Ruhm; Euch schändet dieser Krieg.«

Eben trat Garzia singend
Auf den Kampfplatz, tief unwissend,
Was geschehn war und geschah.
Stracks erklangen die Drommeten,
Die Drommeten und die Zinken;
Neue Brüderschlacht begann.

Und in Mitte seiner Edlen
Ward Garzia bald gefangen.
»Ach, was tut Ihr, edler Cid?« –
»König, was für Euch ich täte,
Wenn Ihr mein Gebieter wäret.
Jetzt will es das Schicksal also;
Unterzieht Euch ihm wie ich!«

25

Als Don Sancho seinen Bruder,
Den gefangenen Garzia,
In den festen Turm von Luna
Eingesperret – wie ein Sperber,
Der den ersten Raub gekostet,
Jetzt nach reicherm, größern Raube
Dürstet und nach wärmerm Blut –,
Warf auf seine jüngste Schwester
Sancho sich; er schleppt' Elviren,
Wie die schwache Taube wehrlos,
Aus dem ihr verliehnen Toro
Gen Burgos ins Kloster hin.

Jetzt entblößet Don Alfonso,
König von Leon, die Spitze
Seines Degens und verkündet
Laut der Welt und offenbar:
Aus Ehrfurcht für seinen Vater
Und sich selber zu beschützen,
Unternehm er diesen Krieg;
Doch nicht gegen seinen Bruder,
Einzig gegen den Beschützer
Eines niederträcht'gen Räubers;
Der Beschützer heiße Cid.
Denn, sprach er, die Bösen müßten
Abstehn von den Freveltaten,
Wenn zu solchen kein Rechtschaffner
Ihnen diente; denn der Beste
Wird im Dienst der Bösen schlecht.

»Rede jetzt«, sprach König Sancho,
»Perle meines Reiches, rede!
Ziehet er nicht gegen mich?«

»Gott ist's, der uns alle richtet!«
Sprach der Cid. »Doch wollt Ihr's wissen,

König und mein Herr, so sag ich:
Euer Bruder, weil er recht hat,
Eilet er vorjetzt – zum Unglück.«

»Auf! Zu Waffen!« rief Don Sancho,
»Fliegt, ihr Fahnen! Fliegt, Paniere!
Seht, es kommen die Leoner!
Löwen der Standarten kommen,
Doch nicht Löwen, die sie tragen;
Und wir haben für sie Türme,
Türm und Schlösser zum Gefängnis.«

»Auf!« fiel Cid ihm in die Rede,
»Auf, weil man an mich dann will!«

»Gott genad ihm, wer an dich will,
Braver Cid, du Blume Spaniens,
Spiegel echter Ritterschaft!«

Also zogen sie zum Kriege;
Don Alfonso ward gefangen,
Und gefangen ward Don Sancho,
Jener von den Kastilianern,
Von den Leonesen dieser,
Und noch wankt das Glück der Schlacht.

Als der Cid auf seinem Rosse
Lossprengt' auf den Haufen Krieger,
Der Sancho umschlossen hielt,
»Fangen oder hangen!« rief er.
»Nicht das eine, nicht das andre,
Guter Cid!« ward ihm zur Antwort.
»Fangen oder hangen!« rief er,
Und sein König stand befreit.

Don Alfonso blieb gefangen,
Ward gesperret in ein Kloster,
Wo ihn bald, zum Dank der Ehre,
Die dem Cid er laut erzeigt,

Doña Uraca ihn ins Freie
Fördert, daß er gen Toledo
Hin zu Ali Maimon floh.

26

Auf Zamora geht der Feldzug,
Auf die feste Stadt Zamora!
Zahllos ist das Heer der Krieger,
Zahllos Königes Entwürfe.
Tapfrer Cid, du edler Feldherr,
Vor Zamora ziehest du?

Unterweges spricht der König
Zu ihm: »Freilich! ausgehauen
Ist die Stadt wie aus dem Felsen,
Der ihr anliegt wie ein Panzer.
Dick wie eines Mannes Länge
Ist die Dicke ihrer Mauern;
Und die Türme dieser Mauern,
Ihre Festen aufzuzählen,
Foderte wohl einen Tag.
Abzuleiten den Duero,
Der sie einschließt wie ein Mädchen,
Ist ganz über Menschenmacht.
Übergäbe mir Zamora
Meine Schwester, Cid, so hätt ich
Eine Festung, in ganz Spanien
Wär ihr keine Feste gleich.
Guter Cid, von meinem Vater
Als ein Kleinod mir vererbet,
Eidlich mußten wir versprechen,
Lebenslang Euch hoch zu ehren
Und zu folgen Eurem Rat;
Guter Cid, du unsres Hauses
Säule, tu es mir zuliebe,
Bringe Botschaft nach Zamora,
Fodre es von meiner Schwester,
Fodre es zum Tausch um alles –
Doch vergiß nicht beizufügen,
Wenn sie mir die Bitte weigert,
Daß ich nehme, was ich bat!«

»Freilich weiß ich nicht«, antwortet
Ihm der Cid, »je mehr die Mauren
Von Zamora ich betrachte,
Desto kühner, desto stolzer
Scheinen sie mir dazustehn.«

»Recht«, spricht Sancho, »recht geredet!
Dieses sind die ersten Mauern,
Die nicht deinem Anblick zittern.« –

Und je näher Cid der Stadt kam,
Ging sein muntres Roß Babieça
Langsam und hing seinen Kopf.

Trauer war noch in Zamora
Um den Tod des großen Königs
Don Fernando, tiefe Trauer.
Überhängt mit schwarzen Tüchern
Waren Kirchen und Altäre;
Kein Gesang, kein Ton der Freude,
Auch kein Instrument der Liebe
Ließ sich hören auf den Gassen.
Die Infantin Doña Uraca,
Schmerzlich bitter weinte sie
Um den Tod des großen Vaters,
Um den Gram, den sie ihm sterbend
Noch in seiner letzten Stunde
Zugefügt, um seine Güte,
Um das Unglück ihrer Schwester,
Der vertriebnen Doña Elvira,
Um das Unglück ihrer Brüder,
Don Garzia, Don Alfonso;
Und – wer sollt und könnt es glauben? –
Noch beweint im tiefsten Herzen
Einen andern Wunsch Uraca.
Den Verlust wird sie beweinen,
Wenn sie jeden längst vergaß.

Denn dem Glück, geliebt zu werden,
Gleicht kein ander Glück auf Erden;
Die geliebte Schäferin,
Sie allein ist Königin.

In dergleichen Gramgedanken
Tief versenket saß Uraca,
Als auf einmal vor den Toren
Von Zamora Cid erscheint.

Grad einreiten in Zamora
Will der Cid, als ihn die Wache,
Ihn mit seinen fünfzehn Kriegern
Anhält, draußen vor dem Tor.
Laut und lauter wird der Lärmen,
Lauter das Geschrei der Straßen,
Bis es zur Infantin drang.

Und in ihren Trauerkleidern
Eilet schnell sie auf die Mauer,
Als – das Schrecken von Kastilien –
Sie den Cid da vor sich sieht.
Ihre schönen Augen netzen
Tränen; an die Mauer drücket
Sie die Brust, enthüllt ihr Antlitz
Und vorbreitend ihre Arme,
Rufet sie ihm furchtbar zu:

»Da du uns zu Feinden haben wolltest,
Warum klopfest du an unsre Tore?
Da durch dich wir hier im Jammer leben,
Warum kommst du und was willst du weiter?
Da, der Freundschaft Maske weggeworfen,
Du dem Unrecht deinen Arm geliehen –

Rückwärts, rückwärts, Don Rodrigo!
Deine Ehre ist verloren!
Rückwärts, rückwärts, stolzer Cid!

Seit er seinen Eid an mir gebrochen,
Den er zuschwur einer Königstochter,
Mich zu schirmen, mich, die einst ihn liebte
Und noch jetzt sein Bild in diesen Mauern
Ehrt, in Mauern, die er kommt zu stürmen;
Seit, von seinem neuen Glücke trunken,

Er vergaß die schönen Jugendtage,
Die an meines Vaters Hof er lebte –

   Rückwärts, rückwärts, Don Rodrigo!
Deine Ehre ist verloren!
Rückwärts, rückwärts, stolzer Cid!

   Dem mein Vater Ritterwaffen reichte,
Meine Mutter selbst den Zelter zuführt',
Ich anschnallete die goldnen Sporen,
Knieend auf dem Marmor. Er bemerkte
Damals nicht, was jedes Mädchen merket;
Er vergisset, was er war, und denkt nur,
Was er ist. Auch ich, so manches dacht ich,
Was der Himmel mir um meiner Fehler
Willen nicht vergönnte. Meine Eltern
Hoben ihn; er stürzte mich hernieder.
Weil ich denn um seinetwillen weine –

   Rückwärts, rückwärts, Don Rodrigo!
Deine Ehre ist verloren!
Rückwärts, rückwärts, stolzer Cid!

   Ich, ein Weib, dazu noch jung und zärtlich,
Kann ihm zwar kein Leid vom Himmel wünschen;
Hat er mich mit seinem Stolz beleidigt,
Hat er innig mir das Herz verwundet,
Kommen von ihm alle meine Leiden,
So komm auf ihn meine Gut und Gnade!
Ich verzeih ihm. Er darf mich beleid'gen
Ohne Strafe; denn des jungen Ritters,
Seiner, in der prächt'gen Kirche zu Coimbra,
Werd ich stets gedenken. – Aber dennoch,
Daß er nicht den Bruch des Eids verhindert,
Den Don Sancho meinem Vater zuschwur,
Daß er seinem Raube nicht gewehret,
Der dem Don Garzia, Don Alfonso
Ihre Reiche nahm; der eine schmachtet
Im Gefängnisse, der andre mußte

Zu Ungläub'gen fliehen, zu den Heiden.
Daß Don Sancho meiner armen Schwester,
Die im Kloster jetzt von Milde lebet,
Toro, ihr rechtmäßig Erbteil, raubte,
Und der Cid auch dieses ihm nicht wehrte;
Daß mein Bruder nicht und auch der Cid nicht
Tief erröten, mich hier zu bekämpfen,
Mich, die Schwester, mich, ein schwaches Weib nur,
Die zu Waffen nichts sonst hat als Tränen –
Deshalb –

    Rückwärts, rückwärts, Don Rodrigo!
Deine Ehre ist verloren!
Rückwärts, rückwärts, stolzer Cid!«

    Also sprach, gepreßt den Busen
An die Mauer, Doña Uraca;
So antwortet sie dem Cid.

    Er, betroffen von der Antwort,
Hält verworren; dann auf einmal
Lenkt er um sein Roß Babieça:
»Rückwärts!« höret man ihn murmeln,
»Rückwärts!« zwischen seinen Lippen,
Reitend nach dem Lager stumm.
Und so kommt er von Zamora
Wohl von manchem Pfeil verwundet,
Der, auch ohne Spitz und Eisen,
Tief im Herzen bohrend glüht.

29

Stillversunken in Gedanken,
Gab der Cid, als von Zamora
Jenes Tages er zurückkam,
Stracks gab er dem König Sancho
Rechenschaft von seiner Botschaft,
Der ihm diese Worte sprach:

»Solches ist der Kön'ge Schicksal,
Wenn sie mit zu wenig Klugheit
Zuviel Ehr erzeigen einem,
Einem stolzen Untertan.

Ihr, Graf von Bivar, ich weiß es,
Jenen kecken Zamoranern
Rietet Ihr den Ungehorsam
Und das Widerstreben an.

Eure Weisheitregeln kenn ich;
Fortan sind sie nicht die meinen,
Und zu meinen Füßen läge
Augenblicks hier Euer Kopf,
Hätt ich es nicht meinem Vater,
Ich mit allen meinen Brüdern,
Auf sein Haupt zuschwören müssen,
Euch zu ehren. Fort dann! Fort
Aus Kastilien! Weg aus allen
Meinen Reichen!«

»Auch aus denen,
Die ich Euch erobert habe?
Oder nur aus denen Reichen,
Die ich, König, Euch erhielt?«

»Fort aus allen!«

Don Rodrigo,
Der gedankenvoll erst dastand,
Lächelte, sah ruhig um sich
Und – bestieg sein Roß Babieça.
Todesstille herrscht im Lager;
Denn der Cid – er ist hinweg!

30

Ein Geräusch von Waffenrüstung!
Pferdetritt, Galopp, Galoppe!
Zween Zamoraner Ritter
Sind es, von der ersten Bravheit.

Längs dem Ufer des Duero
Reiten sie mit grünen Schilden;
Füchse reiten sie, die Degen
Sind von braunem, scharfen Stahl.

Wohlgewaffnet, auf dem Sattel
Fest und leicht; wie Hasen sprengen
Sie hinauf dort jenen Hügel,
Und im Augenblicke stehn sie
Vor den Kastilianerfahnen
Also nah, daß man sich hört.

Einer ist ein alter Ritter,
Arias Gonzalo sein Name,
Weitbekannt. Zwei Gegner sind ihm
Wie ein Haar aus seinem Bart.
Neben ihm der junge Ritter
Ist sein jüngster Sohn; er scheute
Wohl auch nicht den dritten Mann.
Unverzagt, sobald sie hörbar
Reden konnten, rufen sie:

»Sind im königlichen Lager
Zwei der Ritter, die mit zweien
Zamoranern ihre Lanzen
Brechen wollen, sind wir da,
Sie zu lehren, König Sancho
Sei kein Edelmann, indem er
Seiner Schwester das zu rauben
Kommt, was ihr der Vater gab.

Tun dabei Verzicht auf jede
Ritterehr und Königsladung,
Nie zu sitzen einem Edeln
An der Seite, nie von Frauen
Zu empfangen Lieb und Gunst;
Tun Verzicht auf dieses alles,
Wenn mit zweien Lanzenstößen
Wir den Platz von unsern Gegnern
Nicht geleert. Wenn zwei sich fürchten,
Mögen drei und vier und zwanzig,
Selbst auch mit dem Teufel kommen,
Nur mit einem nicht – dem Cid!«

Als zwei Kastilianergrafen
Hörten diese kühne Fodrung,
Wie die Löwen brüllten sie:
»Wartet, Ritter, zwei Minuten,
Anzulegen uns die Waffen!«

Indes sie sich also rüsten,
Sprach der alte Zamoraner,
So sprach er zu seinem Sohn:

»Rückwärts sieh dich um, o Jüngling!
Auf den Mauern, auf den Türmen
Von Zamora sehen Frauen
Und Jungfrauen auf uns her;
Nicht auf mich, der alt und grau ist,
Aber auf den jungen Ritter,
Den mannhaften, schauen sie.
Führest du dich wohl, so gäb ich
Für mein Landgut nicht die Bänder,
Die man dir verehren wird.
Gegenteiles stürb ich lieber,
Als die Spötterein zu hören,
Die sich rüsten deinem Ohr.

Fest im Bügel! Halt die Lanze
Grade vor dich, auch den Schild!

Halt dein Roß zum Angriff fertig!
Wer im Kampf den ersten Stoß tut,
Hat das halbe Werk getan.
Sieh, da kommen sie! Wohlauf dann!
Siegen oder sterben, Sohn!«

Sieg war Ausgang ihres Kampfes.
Allen Damen in Zamora
Hoch zur Freude wirft der Jüngling
Seinen Feind mit einem Stoß
Um und um; des Alten Gegner
Flog vor seiner starken Lanze
Zehn Schuh weit von seinem Roß.

In die edle Stadt Zamora
Zogen jetzt die Überwinder
Ein der Vater und der Sohn.

31

Sehr verlegen war Don Sancho
Vor Zamora, sehr verlegen.
Nahen konnten seine Krieger
Nicht der Stadt; doch aus Zamora
Naheten oft seinem Lager
Stolze Ritter, trotzigkühn.

Endlich traten alle edlen
Kastilianer vor den König:
»Großer König, nimmer werden
Wir Zamora nehmen, nimmer,
Hilft uns Gott nicht und der Cid!
Euch, o König, ausgenommen,
Wiegen alle wir zusammen
Ihn nicht auf. Er überwiegt.«

Also sendete der König,
Don Diego von Ordoño,
Aufzusuchen und ins Lager
Rückzuführen ihn, den Cid.

Wenn ein Herr auch unrecht zürnet,
Muß ihm der Vasall gehorchen;
Wenn ein König sich entschuldigt,
Muß er treu ihm sein und hold.

Als Don Sancho von Rodrigos
Rückkehr hörte, zog er freudig
Ihm entgegen, weit hinan.
Wenn ein König unrecht zürnte,
Muß er sich zur Ehrerstattung
Zwingen mit Erniedrigung.

Kaum ersahe Cid den König,
Sprang er schnell von seinem Pferde;

Um so mehr beschämt es diesen,
Daß Cid sich erniedrigte.

»Bald nun nehmen wir Zamora«,
Sprach der König. – »Und ich sage
Nochmals: nehmt Euch vor Zamora,
König, nehmet Euch in acht!«

Pfeifen, Trommeln, Klarinetten
Künden an dem Kriegeslager
Cids Zurückkehr. Des Don Sancho
Ohren ärgerte der Lusthall;
Doch sein Mund – er sprach kein Wort.

32

Hüte, hüt dich, König Sancho,
Vor Verrätern! Vor Verrätern
Hüte jeder sich; am meisten,
Wer Gewalt und Unrecht tut.

Aus dem Tore von Zamora
Eilt heran Bellido Dolfoz;
Seht, wie er sein Roß dort spornet!
Seht, er eilt zu Königs Zelt.
»Großer König, Gott beschütze
Eure Waffen!« spricht Bellido.
»Gott beschütz Euch!« spricht der König,
»Edler Mann, was führt Euch her?«

»Eu'r Vasall bin ich geboren,
Hoher König«, sprach Bellido,
»Unter Euren Fahnen stritt ich,
Unter ihnen blieb mein Herz.

Als ich dieses in Zamora
Frei bekannte und Zamora
Riet, an Euch, an Euch, den Herrn,
Willig sich zu übergeben,
Droht mir Gonzalo, der alte
Arias drohet mir den Tod.
Da ich drinnen nichts vermochte,
Komm ich, Euer pflichtverbundner
Kastilianer, hier ins Lager,
Sichern Weges Euch, o König,
Einzuführen in die Stadt.

Einen engen Gang der Mauer
Kenn ich, eine kleine Öffnung –«

Als er also im Gespräch war,
Zeigte auf dem nächsten Bollwerk

Sich der edelste der Krieger,
Arias Gonzaio, und rief:

    »Sei es Euch gesagt, o König,
Euch gesagt, ihr Kastilianer:
Ein Verräter ist entwichen
Aus der Stadt, er heißt Bellido.
Vier Verräterein beging er;
Wenn er Euch die fünfte zufügt,
Keinem edlen Zamoraner
Rechnet's an; Ihr seid gewarnt!«

       Hüt dich, hüt dich, König Sancho,
Vor Verrätern! Vor Verrätern
Hüte jeder sich; am meisten,
Wer Gewalt und Unrecht tut.

    »Glaubet nichts davon, o König«,
Sprach Bellido, »was der Alte,
Euch Mißtrauen zu erregen,
Dorther von der Mauer ruft!
Wohl weiß er, daß ich die Öffnung
Und den Gang der Mauer kenne;
Und dann weiß er auch sein Schicksal.«

    »Ja, Bellido«, sprach der König,
»Ich kenn ihn als einen stolzen,
Einen unbiegsamen Mann.
Ungern küßt' er mir die Hand einst.
Auf! wohlauf dann zu der Öffnung,
Zum geheimen Mauergang!« –

    »Jetzt, o König, würde jeder
Uns mit seinen Augen folgen.« –
»Wohl dann, so gesehen es später!« –
»Und am besten wär's, o König,
Erst die Lage zu besehen;
Ihr und ich, wir gehn allein.«

Eh sie gingen, stellt' der König
All sein Heer hin in die Waffen;
Schwören sollten alle Führer,
Nichts zu schonen in Zamora,
Keinem Flehn zu geben nach.

Als der Cid so schwören sollte,
Sprach er: »Meine Männer werden
Wie des Mannes Freunde kämpfen,
Der nichts fürchtet; allenthalben
Werden sie mich vorwärts sehn.
Aber, abgelegt die Waffen,
Schwör ich bei dem Himmel droben.
Gegen die erhabne Schwester
Meines Königes den Degen
Nie zu zucken! Hört den Schwur!«

Einen Wurfspieß in die Rechte
Nahm der König, und sie gingen.
Längs dem Ufer des Duero
Sah man lang sie vorwärts gehn,
Bis auf einmal sich Bellido
Hob und mit dem Dolch dem König
Zehnmal in den Rücken stieß.
Fallen sah man den Monarchen,
Todverwundet, doch nicht tot.

Vor Verrätern, vor Verrätern
Hüte jeder sich; am meisten,
Wer Gewalt und Unrecht tut.

Unbewaffnet, wie er dastand,
Schwang sich auf sein Roß Rodrigo,
Einzuholen den Verräter.
An die Pforte von Zamora
Sprengt' er, ach, als sich die Pforte
Eben hinter dem Verräter
Schloß. »Oh, zeuge mir's die Erde
Und der ganze weite Himmel«,

Rief er, »wie ich mich verwünsche
Jetzt um einen Augenblick!
Hätt ich Sporen, ach, ich wäre
Vorgekommen dem Verräter,
Hätt ihn hier am Tor ergriffen,
Ihm gegeben seinen Lohn!«

Todverwundet trug den König
Man ins Lager; alle sprachen
Zu ihm, und ein einz'ger nur
Sprach die Wahrheit, die ihm diente,
Ein bejahrter Rittersmann:
»König, denkt an Eure Seele,
Sonst an nichts mehr auf der Welt!«

Sterbend seufzete Don Sancho,
Als der edle Graf von Cabra
Diese Worte zu ihm sprach:
»Ach, der Kön'ge hartes Schicksal!
Daß, wenn man sie nicht mehr fürchtet,
Dann nur ihnen Wahrheit spricht.«

»Auch zu andern, andern Zeiten
Sagt man ihnen wohl die Wahrheit;
Aber sie, sie hören nicht!«
Sprach der Cid; er sprach es leise,
Daß er seines Königs Seele
Scheidend nicht beleidigte.

33

Sterbend noch die letzten Blicke
Hingekehret gen Zamora,
Liegt der König bleich und tot.
Um den blut'gen Körper stehen
Ringsum seine besten Ritter;
Alle schweigen, tief verstummt.

Traurig, doch mit edler Stimme,
Bricht der Cid das tote Schweigen
Und geleitete die Seele
Seines Herrn mitleidig so:

»Unglück-unglücksel'ge Stunde,
Als Ihr wider meinen Willen
Hieher vor Zamora zogt!
König, wer Euch das geraten,
Scheute weder Gott noch Menschen,
Hieß Euch das Gelübde brechen
Eurer heil'gen Ritterpflicht.

Jetzt erscheint Ihr vor dem Richter,
Der Euch die, die Ihr bekriegtet,
Ernst als Eure Schwester zeigt,
Die ihr Leben, die ihr Erbteil,
Das Ihr abdringen wolltet,
Gegen Euch verteidigte.

Ihr, das Schrecken aller Eurer
Brüder, Schwestern, Untertanen,
Was seid jetzt Ihr? Eine Handvoll
Staubes, die indes wir ehren,
Ehren wolln mit aller Macht.

Krieger, eh der Tag sich endet,
Muß ein Ritter vor Zamora,

Auszufodern alle wegen
Schändlicher Verräterei!«

　　Sprach es; doch niemand erhob sich;
Alle, scheint es, alle fürchten
Arias Gonzalo und seiner
Vier berühmten Söhne Mut.
Alle heften ihre Blicke
Auf den Cid, der weiterspricht:

　　»Krieger«, sprach der, »meinen Eidschwur
Wisset ihr, mich nie zu rüsten
Gegen dies Zamora; doch
Einen Mann will ich euch nennen,
Als wählt ich ihn für mich selbst.«

　　Don Diego von Ordorño,
Der dem königlichen Leichnam,
Wie abwesend in Gedanken,
Traurigstumm zu Füßen saß,
Er, der Ritterschaft von Lara
Blühnder Ruhm, erhob die Stimme
Mit unmut'gem Laute so:

　　»Hat«, sprach der, »der Cid geschworen,
Was er wohl nicht schwören sollte,
So entbrech er sich, uns einen
Herzunennen, den er wählt!
Viele Ritter hat Kastilien,
Wie den er uns nennen würde,
Und – doch ohn ihn zu verachten –
Ritter selbst wie er, der Cid.
Wer die Fodrung gen Zamora
Bringt und sie besteht, bin ich!«

　　Damit griff er zu den Waffen,
Und hinaus! hin vor die Mauer.
Da, mit aufgehobnen Händen
Und mit fürchterlicher Stimme

– Seine Augen flammten Feuer
Zorns und Ehre –, sprach er so:

>Ihr, meineidige Verräter,
Niederträcht'ge Zamoraner,
Memmen! Denn das seid ihr alle,
Seit ihr einer feigen Memme,
Einem niedrigen Verräter,
Meuchelmörder meines Königs,
Dem Bellido Zuflucht gabt;
Denn Verräter ist der selber,
Welcher die Verräter schützt.

Ins Gesicht nenn ich euch solche,
Eure Vorfahrn, euren Abstamm
Und das Brot, das ihr genießet,
Und das Wasser, das ihr trinkt!

Daß ihr's seid, will ich beweisen:
Komme einer gegen einen,
Einer nach dem andern fünf!
Diego Ordoñio ist mein Name,
Unbescholtnen Bluts, aus Lara;
Und ich werf euch Zamoranern
Nicht, weil ihr ihn nicht verdienet,
Meinen Handschuh hin; ein Pferdhaar
Werf ich euch hin statt des Handschuhs,
Gieß aus dieser Tintenflasche
Schwarze Tint euch ins Gesicht.«

Arias Gonzalo, der Edle,
Gab herunter von der Mauer
Ihm zur Antwort kalt und fest:
»Ist es, was du redest, Wahrheit,
Lara, oh, so wär ich lieber
Nie geboren; doch ich nehme
Deine Fodrung an und hoffe,
Dir mit Gott es zu beweisen,
Daß du, ein Verleumder, lügst!«

Damit stieg er von der Mauer,
Und versammlend alle edlen
Zamoraner, sprach er so:
»Tapfre Krieger, Zamoraner,
Die das ganze Weltall ehrt,
Findet unter euch sich einer
In den Schandverrat verflochten,
Nenn er sich und tret hervor!
Lieber will in meinem Alter
Ich auf fremder Erde sterben,
Tief versteckt in Dunkelheit,
Als um niederträcht'gen Mordes
Willen auf geschloßnem Felde
Überwunden sein im Kampf.«

»Feur vom Himmel falle nieder
Und verzehr uns!« riefen alle
Zamoraner, »wenn ein einz'ger
Von uns auf die mindste Weise
Teilhat an der Freveltat.
Fechten könnet Ihr mit gutem,
Redlichem Gewissen, Graf.«

34

Auf die Foderung des edlen
Don Diego Ordoño Lara,
Mehr von ihres Bruders Tode
Als vom Vorwurf auf Zamora
Tief betroffen und verwirrt,
Rief in größter Eil zusammen
Doña Uraca ihren Rat.

Niederträcht'ge nur verschonet
Feige Niederträchtigkeit;
Auf die edelsten Gemüter
Spritzet sie zuerst ihr Gift.

»Warum zögert dann der Alte?«
Murmelt in der Ratsversammlung
Der und jener. »Nicht aus Kleinmut;
Zögert er wohl aus geheimem
Mitbewußtsein des Verrats?«

Niederträchtiger, du lügest!
Murmelnd bleibe die Verleumdung,
Daß er wohl aus Mitbewußtsein
Zögre, dir in deinem Bart!

In den Saal der Ratsversammlung
Tritt mit allen seinen Söhnen
Majestätisch ein der Graf,
Ganz in schwarze Trauerkreppe
Eingekleidet, als beweinten
Die begrabne Ehre sie.

Vor der königlichen Tochter
Ließ der Greis aufs Knie sich nieder,
Und also sprach er zu ihr:
»Königstochter und ihr edlen
Helden dieser Ratsversammlung!

Don Diego Ordoño Lara
– Seinen Namen nur zu nennen,
Ist zum Ritterruhm ihm gnug –,
Statt des Cids ist er erschienen,
Uns des Mordes an dem Kön'ge
Von Kastilien laut zu zeihn.
Diese Schmach von uns zu wälzen,
Stell ich mich und meine Söhne.
Nicht mehr ist es Zeit zu sprechen,
Zeit ist es, das Schwert zu zücken;
Schon zu lange säumten wir.«

    In dem Augenblick zerriß er,
Er und seine vier Begleiter
Ihren Trauerschmuck; in blanken
Waffen standen sie gerüstet,
Alle fünf gerüstet da.
Niedersenkten sich die Häupter
Der erst murmelnden Versammlung;
Aus dem Auge der Infantin
Flossen Tränen.

    Arias sprach:
»Und nun, edelste Infantin,
Würdigt mich und meine Söhne,
Anzunehmen sie als Kämpfer
Für die Ehre von Zamora,
Mich, den Greis, als ihren Rat!
Ihren Mangel an Erfahrung
Heb und stütze Eure Gnade;
Des zum Zeichen reichet ihnen
Eure königliche Hand!
Eine leichte Gunst wie diese
Ist der Sporn für edle Krieger;
Für gemeine ist's der Sold.«

    Huldreich reichte die Infantin
Den vier jungen edlen Kriegern
Ihre königliche Hand.

Feuer drang in ihre Adern,
Stärke drang in ihre Glieder –
Aufbrach die Versammelung.

35

Und mit Tränen in den Augen,
Unaussprechlich rührend flehte
Die Infantin Doña Uraca,
Den ungleichen Kampf zu meiden,
An den väterlichen Greis.
»Trätet Ihr dem Cid entgegen«,
Sprach sie, »ach, der edle Cid
Wüßte sein und unsre Ehre,
Beide rettend, zu verbinden;
Aber Lara, unversöhnlich
Dürstet er nach unserm Blut.
Und Ihr, in so hohen Jahren,
Nach so viel bestandnen Kämpfen,
Wollt Ihr Eurer mich berauben,
Edler Greis? Oh, so bedenkt,
Was Ihr meinem Vater schwuret:
Nie mich zu verlassen, nie!

Ach, hätt es gewollt der Himmel,
Daß der Cid –«

                »Wie dann, Infantin?
Daß der Cid –«

                »Vom Undankbaren
Freilich sprechen wir zuviel.
Doch versprecht mir –«

                »Was versprechen?« –
»Wenigstens *zuletzt* zu kämpfen –«

                »Ich – zuletzt? Wie dann, Infantin?
Habe nicht *ich* auf der Mauer,
Ich den Schimpf empfangen, *ich*?« –
                »Unbiegsamer, lasset Eure
Jungen Söhne vor Euch streiten –«

»Wenn sie fallen, denkt, Infantin,
So verlieret Ihr mit ihnen
Ihrer Dienste sechzig Jahr –«
    »Und wenn *Ihr* fallt?«
»Eine Stunde
            Oder zwei von meinem Leben,
Die verlier ich und nicht mehr.
Und mein Tod, wenn er dem Kampfe
Meiner Söhne kühn vorangeht,
Ihnen schaffet er den Sieg.«

    Alle Damen, alle Krieger,
Arias' Söhne selbst, vor allen
Doña Uraca, alle flehen
An den väterlichen Greis.

    Zuzuschauen erst dem Kampfe –
Er, gezwungen von den Bitten,
nicht im mindsten überzeuget,
Wirft, ohn einig Wort zu sagen,
Wirft die Waffen weg im Zorn.

Nah der Mauer von Zamora
War zum grausen Todeskampfe
Zubereitet schon der Platz.
Schon durchritt ihn Don Diego,
Mit der Stärke des Alkiden
Seine jungen Feind erwartend.

Schweigt, unglückliche Drommeten!
Eines Vaters Eingeweide
Wenden sich bei eurem Hall.

Wer den väterlichen Segen
Erst empfing: es war Don Pedro,
Er, der Brüder ältester.
Als er vor Diegos Antlitz
Kam, begrüßt' er ihn bescheiden
Als den ältern Kriegesmann:

»Möge Gott, Euch vor Verrätern
Schützend, Eure Waffen segnen,
Don Diego! Ich erschein hier,
Von dem Schimpfe des Verrates
Mein Zamora zu befrein –«

»Schweig!« erwidert Don Diego,
»Denn Verräter seid ihr alle!«
Und so trennen beide sich,
Raum zu nehmen; beide rennen
Mächtig los; es sprühen Funken –
Ach, das Haupt des jungen Kriegers
Trifft Diego; er zerspaltet
Seinen Helm, durchbohrt sein Hirn –
Pedro Arias stürzt vom Rosse
In den Staub hin.

Don Diego
Hebt den Degen und die Stimme
Fürchterlich hin gen Zamora.
»Sendet einen andern!« rief er,
»Dieser liegt.« Es kam der andre,
Kam der dritte, der auch fiel.

Schweigt, unglückliche Drommeten!
Eines Vaters Eingeweide
Wenden sich bei eurem Hall.

Tränen flossen, stille Tränen,
Auf des guten Greises Wangen,
Als er seinen jüngsten Sohn,
Seines Lebens letzte Hoffnung,
Waffnete zum Todeskampf.

»Auf«, sprach er, »mein Sohn Fernando!
Mehr, als du an meiner Seite
Noch im letzten Kampf geleistet,
Mehr verlang ich nicht von dir.
Eh du in die Schranken eintrittst,
So umarm erst deine Brüder,
Und dann blick auf mich zurück –«

»Weint Ihr, Vater?«

»Sohn, ich weine!
So weint' über mich mein Vater
Einst, beleidiget vom König
Zu Toledo. Seine Tränen
Gaben mir des Löwen Stärke,
Und ich bracht ihm – welche Freude! –
Seines stolzen Feindes Haupt.«

Mittag war es, als der letzte
Sohn des Grafen, Don Fernando
Arias, in die Schranken trat;
Dem Besieger seiner Brüder,

Seinem stolzen Blick begegnet'
Er mit Ruh und Festigkeit.

Dieser, spielend mit dem jungen
Krieger, nahm den ersten Streich auf,
Auf die Brust; er war nicht tödlich.
Aber bald lag mit den Trümmern
Ihrer Rüstungen der Kampfplatz
Überdeckt. Gebrochen lagen
Schon die Schranken; beide Rosse
Keichen, durch und durch in Schweiß,

Als man ihnen Morgensterne,
Kolben brachte, deren Eisen
Blitzt in ihrer beider Hand.
Und der erste Schlag des Eisens
In der stärkern Hand Ordoños
Traf – des edlen Jünglings Haupt.

Todverwundet, seinem Rosse
Griff er um den Hals und hält sich
an der Mähn ihm; Hölleneifer
Gibt zum letzten Streich ihm Kraft.
Diesen Streich, er tut ihn tapfer;
Aber weil das Blut des Hauptes
Sein Gesicht bedeckt, so trifft er,
Ach, die Zügel nur des Rosses,
Sie durchhaund. Es bäumt das Roß sich,
Wirft den Reiter aus den Schranken –
»Sieg!« schrien alle Zamoraner;
Das Gericht des Kampfes schwieg.

Arias Gonzalo, zum Kampfplatz
Eilend, fand den Kampfplatz leer.
Sah den jüngsten Sohn verblühen,
Ihn verblühn wie eine Rose,
Eh sie sich entfaltete.

Schweigt, unglückliche Drommeten!
Eines Vaters Eingeweide
Wenden sich bei eurem Hall.

Geschichte des Cid
Unter König Alfonso dem Sechsten, genannt der Tapfre

37

»Fliegt, getreue Boten, flieget
Zu Alfonso, meinem Bruder!«
Sprach Uraca. »Er vergisset
Seines Glückes in Toledo,
Da sein Glück ihn nicht vergißt.

Sagt ihm, daß der Feind nicht mehr ist,
Daß sein Bruder, Don Garzia,
Aus dem Kerker in das Grabmal
Seiner Ahnen wanderte.
Sagt ihm, daß die Kastilianer,
Die Asturier, die Leoner
Ihn erwarten, ihren König,
Wie die Schwester ihren Bruder;
Sagt es ihm und flieget schnell!«

»Was zu tun?« sprach Don Alfonso;
»Ali Maimon, dieser gute
Sarazene, tat mir Guts.
Was dem Flüchtling man erzeiget,
Tut man das auch einem König?
Ob mein neuer Stand dem Mauren
Wohlgefalle, weiß der Himmel.
Eines, weiß ich, ist mir nötig,
Mit Vorsicht geheime Flucht.«

»In der Rundung dieser Mauern
Ist ein Ort«, sprach der Gesandte,
»Niedersteigen wir zu Nacht.
Auf rückwärts beschlagnen Pferden
Eilen sicher wir davon.«

Angekommen in Zamora,
Zog Alfonso dann nach Burgos,
Und die Reichsversammlung sprach:
»Erbe seid Ihr aller Thronen
Unsres großen Don Fernando;
Niemand streitet sie Euch jetzt.
Aber, ohn Euch zu mißfallen,
Fodern wir von Euch den Eidschwur,
An dem Morde des Don Sancho
Teilgenommen nie zu haben,
Mittel- und unmittelbar;
Solchen Eidschwur uns zu leisten
Förmlich, wie es uns gefällt,
Und bekräftigen ihn zu lassen
Von zwölf Eurer Edelsten.«

    »Dieser Wunsch sei euch gewähret«,
Sprach Alfonso; »morgen schwör ich
In der Kirche der Gadea
Vor dem heiligen Altar.
Heut begehr ich nur zu wissen,
Wer von Euch mir diesen Eidschwur
Abzunehmen dann gedenkt?«

    »Ich«, sprach Cid. –

        »Ihr, Don Rodrigo?
Denket Ihr daran, daß morgen
Ihr ein Untertan mir seid?«

»Noch nicht! Daran werd ich denken,
Herr, wenn Ihr mein König seid.«

38

Vorm Altare der Gadea
Knieend, seine Hand geleget
Auf das Evangelium
Und ein Eisenschloß und eine
Leimrut, so, das Haupt entblößt,
So erwartet Don Alfonso
Seinen Eidschwur von dem Cid.

Fürchterlich war dieser Eidschwur;
Schrecklich war's, ihn anzuhören,
Grausenvoll dem, der ihn tat:

»Feig ermordet muß ich werden
Von dem niedrigsten der Menschen,
Wie Don Sancho von Bellido;
Mein Gedächtnis sei entehrt;
Ausgerissen aus der linken
Seite soll das Herz mir werden,
Und verschlucken muß ich es,
Wenn ich nicht die Wahrheit sage,
Daß am Morde meines Bruders
Ich durch Wollen, Rat und Wissen
Habe nicht den kleinsten Teil.« –
»Sprechet Amen!« rief der Cid.

Und also zu dreien Malen
Wiederholte Don Alfonso
Den ihm vorgesagten Eidschwur;
»Sprechet Amen!« rief der Cid.

Unverwandt, mit Feuerblicken,
Flammend von des Zornes Flamme,
Sah, als er den Eid ablegte,
Sah Alfonso an den Cid.

»Künftig rat ich Euch mehr Vorsicht
– Euch betrifft jetzt meine Rede,
Don Rodrigo von Bivar! –,
Zittert über jenen Eidschwur,
Den mit Schimpf Ihr von mir nahmt!
Jenes Schloß und jene Leimrut,
Zeugen meines Schwures, waren
Zeugen meiner tiefen Schmach.
Künftig rat ich Euch zu wissen,
Daß ich Euer König bin.

Seid Ihr tapfer – wohl, so zeiget
Euch auch ohne Leidenschaften!
Unterwürfigkeit gebühret
Dem Vasallen auch im Recht.
Zeiget Ihr im Felde Kühnheit,
Kopf und Herz, so zeigt an Hofe
Höfliche Bescheidenheit!
Mit den Worten nimmt die Zunge
Weg die Hälfte des Verdienstes,
Das der Arm sich kühn erwarb.

Viel zuviel habt Ihr gesprochen,
Viel zuviel Euch angemaßet;
Doch – Ihr dientet meinem Vater;
Sonst – Und dann, was sagt der Eid?

Durch die Hand des schlechtsten Menschen
Sterben? Nur des schlechtsten Menschen –
Nie die Hand des Edelmanns
Waget an den König sich.

Kurz, des Unbenehmens halben
Und Bescheidenheit zu lernen,
Weis ich Euch aus meinen Landen,
Don Rodrigo, auf ein Jahr.«

»Und ich nehme vier der Jahre«,
Sprach der Cid, »um soviel lieber,
Da von Hofe die Entfernung
Mir der König selbst gebeut.«

Ohne ihm die Hand zu küssen,
Ging Rodrigo von Alfonso;
Seine dreimalhundert Männer
Mit gespitzten, scharfen Lanzen,
Mit Wolfsrachen auf den Schilden,
Alle zogen sie mit ihm.

40

Um zehn Uhr am frühen Morgen
Putzt Ximene ihre Töchter,
Doña Sol und Doña Elvira;
Schönre Kinder sah man nie.

Schmückte sie mit art'gem Kopfputz
Und mit feinen Linnenkleidchen,
Übersät mit seidnen Blumen,
Die Ximene selbst gestickt,

Ließ dann ihre edlen Knappen
Anziehn ihren reichsten Anzug;
Denn die Liverei der Diener
Zeigt des Herrn Reichtum und Stand.

So geputzet schickt Ximene
Ihre Kinder der Infantin,
Die zu sehen sie begehrt.
Sie selbst ging nicht mit den Kindern;
Denn des Cids Gemahlin hält sich
Nach der Vorschrift des Gemahls.

Seinen Rang beliebt zu machen
Bei Geringeren, bei Höhern
Ihn behaupten, war sein Wort.

Auch die wildsten Herzen rühret
Schon der Anblick dieser Kinder
Und erfreut den Schauenden.
Tränen fließen der Infantin,
Wenn die Kleinen ihr zulächeln.
Man weiß nicht, ob sie sie hasse
Oder liebe. Wie im Unmut
Stößt sie sie zurück und zieht sie
Liebender zu sich heran.

Fast verschlingt sie sie mit Küssen,
Und wenn sie sie still betrachtet,
Steigen Seufzer ihr empor;
Nennt sie bald die schönsten Kinder,
Die die Erde sah, und findet
Dann in ihren Zügen etwas,
Das das Bild des Vaters stört.

Dann verändert ihren Putz sie,
Als ob er durch ihre Hände
Schöner würde; oh, wie manches
Ging im Herzen der Infantin,
Ihr selbst unbemerkt, vor.

»Wem gehören diese Kinder?«
Fragt Alfonso. – »Einem Krieger,
Der verbannt ist, den die ganze
Christenheit mit Wunsch zurückruft
Und die Maurenwelt mit Wünschen
Von sich treibet. Das Gerücht geht,
Daß der Cid in allen Städten
Furcht verbreite. Seht die Kleinen,
Seht die Liebenswürd'gen, Bruder!
Die sind nicht so fürchterlich.«

»Kinder«, sprach Alfonso lächelnd.
»Bittet was von mir! Was wünscht ihr?« –
»Euer Wohlsein, großer König,
Wünschen wir«, antworten beide. –
»Hört Ihr«, sprach des Königs Schwester,
»Was sie wünschen? Ihren Vater
Bitten sie zurück.«

                        »Das hör ich«,
Sprach der König, »daß Uraca
den Verbannten noch ein wenig
Lieb hat.« – »Nein, ich schwör Euch, Bruder,
Daß ich ihn von Herzen hasse.« –
»Nehmt in acht Euch«, sprach Alfonso,

»Daß Ihr nicht aus lauter Hasse
Ihn bis zur Anbetung liebt.«

41

Eines Sonntags in der Kirche
Des San Pedro de Cardeña,
Nach der Messe, sprach Alfonso
Mit dem Cid Campeador.

Neue Plane der Eroberung
In den Ländern, einst verloren
Durch des Gotenkönigs Schuld,
Den die Liebe scharf anklaget
Und doch auch die Lieb entschuldigt –
Neue Plane der Eroberung
Legt Alfonso seinem Feldherrn
Vor, der dann mit stillem Ernst
So antwortet:

»Zu erobern,
König, ist wohl nicht das Hauptwerk;
Das Eroberte erhalten,
Dieses ist das Schwerere.
Ihr seid neu auf Eurem Throne,
Traget noch ein junges Zepter;
Euer Reich Euch zu versichern,
König, sei jetzt Euer Werk!
Nichts gefährlicher war öfters
Fürsten als Abwesenheit.«

Statt des Königes erwidert
Abt Bermudo: »Seid des Feldziehns,
Edler Cid, Ihr etwa müde,
Daß Ihr itzt so friedlich denkt?
Oder gab Euch die Gemahlin
Solche Lehren? Wohl, so gehet,
Mehr zu lernen, nach Bivar!
Spanien hat zu edlen Kriegen
Mehr Feldherren als den Cid.«

Cid sprach: »Bruder, Eure Kutte
Steht Euch schief.« – »Die Kutte, Feldherr,
Weiß ich in dem Chor zu tragen
Wie im Feld einst die Standarte.
Hab ich Könige der Mauren
Nicht besiegt, so hab ich Söhne,
Die gar wohl für mich es können;
Auch bin ich, ein Pferd zu spornen,
Manns genug.«

        »Wohin zu spornen?«
Sprach der Cid; »etwa zur Flucht?«

  »Fast auch glaub ich«, sprach der König,
Unterbrechend diese Reden,
»Daß nicht Furcht zwar, aber Liebe
Euch so friedlich denken macht.« –

  »Weder eines noch das andre,
Mein Monarch! Kein ander Weibsbild
Sah man je an meiner Seite
Als die Tizonada hier.«

  »Cid, Ihr duldet an Euch Fehler,
Die auch Steinen Stimme gäben;
Möchtet Ihr nicht selbst die Kirche
Hier zum blut'gen Felde machen?
Und – um welche Kleinigkeit!«

  »Herr!« antwortete der edle
Feldherr, »mir ist's unerträglich,
Daß ein Mann, der in den Kleidern
Wohl Ölflecken, aber keines
Tropfen Bluts Blutflecken hat,
Daß *der* Mann vom Feldziehn sprechen
Und dem König und dem Feldherrn
Unverschämt einsprechen darf.
Seine Stell ist vor dem Chorpult,

Seine Pflicht, für die zu beten,
Die im Felde Streiche tun.«

Besser wär es dir gewesen,
Edler Cid, du hättest allen
Sarazenen Hohn gesprochen
Als der Kutte dieses Abts.

42

»Wenn Ihr, um Euch hoch zu heben,
Meines Arms Euch zu bedienen
Wisset, Ritter von Bivar,
So erwartet Ihr vergeblich
Künftighin auf diesem Wege
Euren Gang zum Firmament.

Fürchterlich ist Euer Gradsinn;
Auf den Knien vor mir zu bleiben
Ziemet Stolzen, wie Ihr seid;
Vor mir Euer Haupt zu bloßen,
Dessen Stolz sich gnug entblößte
Samt der hassenswerten Ursach
Eures so gestiegnen Ruhms.

Welches edle Unternehmen
Hielt Euch seit dem letzten Winter
Meinem Hofe so entfernt?
Warum tragt Ihr, da zum Hofmann
Edel Ihr geboren wurdet,
Warum tragt Ihr Bart und Haare
Wie ein Wüsteneremit?
Mir antworten auf die Frage
Werdet Ihr wohl nicht, das weiß ich;
Doch ich weiß auch, Heucheleien
Gibt es von verschiedner Art.

Und ob Ihr mir sagen wolltet,
Daß dem Feldherrn, sich zu putzen,
Weder Zeit noch Lust gebeut,
So geruht, mir auch zu sagen,
Warum Ihr denn meine Plane,
Sie enthüllend, scheitern machtet,
Ihr wißt es, zu Alcala?

Feinde, werdet Ihr mir sagen,
Hab ich; ja! so sagt der Beste
Und wohl auch der Schlechteste.
Feinde, das darf ich Euch sagen,
Feinde habt Ihr allenthalben –
Keinen Freund. Und ohne Freunde
Ist der Redlichste auf Erden
Wohl auch der Unnützeste.

An den Grenzen meines Reiches,
Sagt man, fürchten Euch die Mauren,
Andre lieben Euch, und alle
Ehren Euch als einen Gott.
Wohl! prägt ihnen ferner Achtung
Ein für Euch, auch mir entgegen!
Einer, dessen Freund Ihr nicht seid,
Ali Maimon in Toledo,
Bleibt mein Bundgenoß und Freund.

Nach dem unglücksel'gen Tode
Meines Bruders küßten alle
Mir die Hand – Ihr nicht, der Cid.
Ihr dagegen ließet schwören
Und verhöhntet mich, den König,
Mit dem Eidschwur auf die Bibel
Und die Leimrut und das Schloß.
Stolz betruget Ihr Euch damals;
Und um diesen Stolz zu beugen,
Sag ich Euch, was damals viele,
Viele sagten: Den Verräter,
Den Bellido, hätte freilich
Cid erfassen, töten können,
Als ein Mann von Ehr auch sollen;
Zeit hatt er genug dazu.
Doch er tat es nicht; denn immer
Tut der Cid nur, was er – will.

Keiner, der mir angehörte,
Mann und Weib, es dachte keiner,

Daß an meines Bruders Tode
Teil ich hätte; nur der Cid.
Seinen Tod sandt ihm der Himmel,
Sagten alle, Ungehorsams
Wegen gegen seinen Vater;
Nur der Cid argwohnete.

      Dessen – dann und anderswegen
Bann ich Euch zum zweiten Male
Fern aus allen meinen Reichen
Und bemächtige mich Eurer
Güter; wem anheim sie fallen,
Dies entscheide mein Gericht.
Auch verbiet ich Euch auf alles,
Was ich Euch gesagt, die Antwort.«

      Also sprach, von schlechten Menschen
Angereget, Don Alfonso;
So sprach er zum Ruhm und Spiegel
Aller Tapferkeit, zu Cid.

43

»Euch antworten muß ich, König,
Denn ich hab Euch zu antworten,
Und ich kenne, wer die Antwort
Mir verbieten darf, nur einen,
Und der Ein' ist nicht auf Erden:
Gott! – Kein Braver darf sich fürchten;
Aber Unschuld geht zugrunde
Durch unzeitig Schweigen, Herr.

Hätten, Ehre zu zerstören,
Worte Macht, so war es besser,
Einen Dolch auf mich zu zücken,
Als zu reden, wie Ihr spracht.
Aber das Gesetz entehret,
Nicht der König. Ihr vermöget
Mich so wenig zu entehren,
König, als der schlechtste Mann.

Ich auf Knieen vor Euch liegen?
Als ein Sklav? – Und mich zu heben,
Eures Arms bedarf ich nicht;
Keines Menschen Arms als dieses,
Und der ist der meinige.

Laßt sich die vor Euch bedecken,
Die Euch schmeicheln! Sie tun wohl.
Ich auch werde mich bedecken,
Ich, der nie Euch schmeichelte.

Daß ich nicht bei Hof erschienen,
Und was ich beim Friedensbündnis
Für Euch tat zu Alcala,
Hievon schweig ich. Wer die Guttat
Nicht empfand, die ihn verbindet,
Dem wird sie umsonst erklärt.

Des Wohltäters Rede löschte,
Gleich dem Schwamm, die Wohltat aus.

Es erfreu Euch, Don Alfonso,
Daß den Cid die Mauren achten!
Wenn sie ihn nicht mehr verehren,
Fürchten sie Euch schwerlich mehr.

Euer gutes Herz, o König,
Bring Euch lieber in Gedanken,
Was ich Guts für Euch getan!
Hätt ich Euch, o König, wollen
Mit dem Flecken der Verachtung
Vor mir sehen auf dem Thron,
Wahrlich, ich hätt Eure Ehre
Durch den Schwur nicht hergestellt.

Wer mir von Bellido redet,
Kann mich wahrlich tief betrüben,
Aber nicht beleidigen;
Freilich hätt ich ihn ergriffen,
Fehleten mir nicht die Sporen –
Ach, in solchen Fällen seufzet
Jedes edle, brave Herz;
Indem es den Fehl gestehet,
Fühlt es schmerzlicher die Schuld.

Endlich, da ich mein Vermögen,
König, Eurem Dienst geopfert,
Da ich, was durch meine Waffen
Ich erworben, Euch verehret,
Was wollt Ihr mir nehmen, Herr?
Weder Ihr noch Eure Räte
Können finden, wo nichts ist.

Aber von nun an, o König,
Von nun an will ich erwerben,
Ich für mich und nicht für Euch.
Nicht, weil Ihr's befahlet, König,

Frei entfern ich mich, beleidigt,
Weil Ihr also zu mir spracht.
Ehrenlos, wer von dem König
Solche Reden duldete!

      Sei mit Euch des Himmels Jungfrau,
Eure Waffen zu beglücken,
Daß Ihr nie vermißt, o König,
Einen Degen, der Euch fehlt!«

      Also sprach der Cid zum König;
Dies sind seine echten Worte,
Eh er in die Bannung zog.

44

»Undankbar-grausamer König,
Undankbarer Don Alfonso!«
Also rief in ihrem Schlosse,
Rief Ximene zu Bivar.
»Mir gehört's, dich anzuklagen;
Denn allein der Weiber Herzen
Geben der Empfindung Laut.

Unglück, Unglück dir, o König,
Daß du meinen Cid beleidigt!
Zwar mit Worten nur; du durftest
Es nicht anders; mit dem Degen,
Mit ihm redet mein Gemahl.
Müßig wär er in der Scheide
Nicht geblieben, wärst, o König,
Wärest du ein Edelmann.

Du verbannst ihn – welche Einfalt!
Überall in der Verbannung
Schafft sich Cid ein Vaterland.
Lässest beißen ihn vom Neide;
Der zerbeißt an ihm die Zähne:
Mein Cid ist bedeckt mit Stahl.
Lassest ziehn ihn mit dem Degen;
Wohl, du wirst zurück ihn wünschen,
Wünschen in der ersten Schlacht.
Eher schätzet man das Gute
Nicht, als bis man es verlor.

Was denkst du, das ihn gereue?
Reut ihn etwas, oh, so ist es,
Feinde sich gemacht zu haben
Um Freundschaft der Könige;
Ihrer Ohnmacht aufzuhelfen,
Furchtbar sich gemacht zu haben;
Deine Staaten zu vergrößern,

Tat er alles, was er tat.
Ohn ihn wären deine Reiche
Nur Asturiens Felsen noch.

    Und wie hat er dir gedienet?
Hätt er es getan wie jene
Hofeskrieger, die dir schmeicheln,
Dich erheben, dich belügen,
Jetzt noch war er dir gar teuer,
Seine Dienste wohlbelohnt.
Sahst du ihn dagegen aber
Lieber geben als empfangen –
Undankbare Fürsten drücket,
Drückt und dränget nichts so schrecklich
Als großmüt'ger Untertanen
Edelmut – auch gegen sie.
Geht dann, gehet, Don Alfonso,
Euer Bann sei denen Strafe,
Die an Hofe, Müßiggänger,
Fürchterlich sind – nicht den Mauren,
Aber manchem edeln Mann,
Dessen Weib sie seitwärts locken,
Locken wie die jungen Hirsche,
Wenn der Mann für Lieb und Ehre
Kämpfet und zu Felde liegt.

    Unglück, Unglück dir, o König!
Gunst und Wahrheit waren einmal
Nur beisammen in der Welt.
Du, du gehst umringt von Hunden,
Hunden, die dir heute schmeicheln,
Morgen bei dem ersten Fehltritt
Dich anfallen, dich zerreißen.
So umgeben ist ein König,
Der, von Günstlingen verblendet,
Seiner Seele Blick verlor.«

    Also sprach in ihrem Zorne
Cids Gemahlin, nie ablassend

So zu reden, als wenn Tränen
Hemmten ihrer Klage Ton.

Als der gute Cid, der Feldherr
– Dessen Leben Gott bewahre,
Gott mit aller seiner Macht! –,
Als er ab nun reisen wollte
Mit Ximenen und den Töchtern,
Mit dem Hofe seiner Edeln,
Fand er alle seine Güter
In den Kriegen aufgezehrt,
Fand er keinen Maravedi,
Zu bestreiten seinen Zug.

Jene prächt'gen Hyazinthen,
Die die Könige der Mauren
Einst verehrt dem großen Cid,
Legt anitzt Doña Ximena
In die Hände des Gemahles
Zum Versatze, zum Verkauf.

Doña Sol und Doña Elvira,
Die zwei liebenswürd'gen Kleinen,
Als den Schmuck sie glänzen sahn
Und von dem Verkaufe hörten,
Bitter flossen ihre Tränen,
Seufzer stiegen aus dem Herzen
Der unschuld'gen Kleinen auf.
»Ach, die schönen Prachtjuwelen
Zum Versatze, zum Verkauf!«

»Gleichen«, sprach der Cid, »die Kinder,
Die um das, was glänzt, nur seufzen,
Gleichen sie nicht Königen?
Weiber, Könige und Kinder,
Eben ihrer Schwachheit wegen
Werden sie uns achtenswert;
Denn der Schwachheit nachzugeben

Ist des Starken Pflicht; Ximene,
Geben wir den Kleinen nach!«

»Und behalten die Juwelen!«
Riefen froh die kleinen Mädchen;
Die des Vaters Bart sonst scheuten,
Ihn zu küssen, klimmen an ihn,
Küssen ihn mit Herzenslust.

Kommen ließ der Cid zwei Juden,
Neben sich an Tafel sitzen
Mit viel Zeremonien;
Will von ihnen tausend Goldstück
Auf die Sicherheit von zweien
Großen Kasten, angefüllet
Mit all seinem Silberwerk;
Jedoch unter der Bedingung,
Nicht vor Jahresfrist die Kasten
Zu eröffnen und nur dann erst
Sich zu halten an den Inhalt,
Wenn er sie nicht ausgelöst.

Mehr gesichert durch den edlen
Namen Cids als durch die Kasten,
Zahlten ihm die zwei Beschnittne
Tausend Goldstück, gingen beide
Die Bedingung ein; doch nahmen
Sie mit sich die schweren Kasten,
Die der Cid – so wollt es jetzo
Seine Not – mit Sand gefüllt.

Tat dem Herzen Cids dies wehe?
Nicht im mindsten. Herzhaft tat er's,
Voll Vertrauen auf sein Glück.
»Auf, Ximene! Jetzt zur Kirche!
Weihn wir jetzt zur Hülfe Gottes
Meine Waffen, mein Panier!«

46

Laut von Priestern und von Kriegern
Ward die Messe Cids gesungen
Und das heilige Geheimnis
Mit Drommeten laut begrüßt:
Zimbeln klangen, Pauken schallten,
Daß die heiligen Gewölbe
Bebten; aller Krieger Herzen,
Der dreihundert Unverzagten,
Füllt ein neuer Heldenmut
Zu dem Kampf entgegen Mauren,
Mauren in Valencia.

Ais geweihet war die Fahne,
Nahm der Cid sie in die Hand.
Also sprach er: »Arme Fahne
Eines armen und verbannten
Kastilianers, nach dem Segen,
Den auf dich der Himmel legte,
Mangelt dir nur Spaniens Achtung;
Und die sag ich dir vorher.«

Hiermit rollt' er auf die Fahne,
Hebt sie schwingend in die Lüfte:
»Sieg und Ruhm wird dich begleiten,
Fahne, bis vielleicht du fliegest
Neben Königes Panier.
Don Alfonso, Don Alfonso,
Unter der Sirenen Sange
Schlummerst du; dir drohet Unglück,
Wenn du, wenn du nicht erwachst.«

»Krieger«, sprach er, »ist's nicht also?
Wir sind aufgeweckt. Entehret
Wären wir, die etwas wert sind,
Dort, wo keiner etwas taugt.

Achtung und Verdienst, sie haben
Nur an ihrer Stelle Wert.

Eingewiegt von den Sirenen,
Schlummert dort der tapfre König;
Nutzen wir den tiefen Schlummer,
Die Boshaften zu erschrecken,
Nicht am Hofe, sondern fern!
Fürchterlicher ist den Bösen
Nichts als derer, die sie hassen,
Fern erworbner, schöner Ruhm.
Tausend edle Herzen seufzen,
Ingeheim, verfolgt von Bösen;
Glücklich, wem, sie zu enthüllen
Vor dem Angesicht des Weltalls,
Sich wie uns der Anlaß beut.

Edle Fahne, in den Lüften
Flattre stolz, die Zuflucht aller,
Die das Laster seufzen macht!«

Nieder senkt' er jetzt die Fahne:
»Tapfre Krieger, meine Freunde!
Rache des Vasallen gegen
Seinen angebornen Herrn,
Auch gerecht, erscheint sie immer
Nur als Aufruhr und Verrat.

Die Beleidigung verschmerzen,
Ist das Merkmal höhrer Seelen,
Ob sie sie gleich tief gefühlt.
Gölt es Rache, mir entflöhen
Meine Feinde nicht; ich folgte
Ihnen nach zum Firmament.

Hier, o Krieger, in des Friedens
Und der Liebe heil'ger Wohnung,
Hier blas ich jetzt in die Lüfte
Das Gedächtnis meiner Schmach.

Jegliches Gefühl der Rache
Geb ich atmend hier den Winden.
Einzig trag ich meine Waffen,
Die ich für mich selbst anlegte,
Einzig trag ich für Kastilien
Sie und für die Christenheit.
Hab ich Stärke gnug, so pflanz ich
Meine Fahne gen Toledo,
Und was dort ich dann erwerbe,
Heiße Neu-Kastilien.

Unterdes für jetzt, ihr Freunde,
Da uns eine Herberg fehlet,
Ist uns baldigst die Erobrung
Eines kleinen Schlosses not.
Wer auf mehr als Ehre wartet,
Der verlasse mein Panier!«

Hiemit hob er auf die Fahne:
»Edle Fahne, schwinge, schwinge
Dich entfaltend durch die Lüfte!
Klarinetten und Drommeten,
Tönt! Ihr Trommeln und ihr Pauken!
Euer Samtgehall erschrecke
Nur die Schwachen und die Bösen
Und der falschen Heuchler Zunft!«

47

Kön'ge wollen ihre Diener
Nur an ihrem Platze sehen;
Den Erhabneren darüber
Drücken sie, wie Buhlerinnen
Den verächtlich-stolz behandeln,
Der sich, ihnen zu gefallen,
Nicht verächtlich machen ließ,
Oder wie die großen Götter,
Deren hoher Zorn im Donner
Nur das Binsenrohr verschont.

Als des Cids ruhmreichen Abzug
Don Alfonsos Ohr vernahm,
Sprach, in Mitte seines Hofes,
Sprach er also: »Weggewandt
Hat sich heut von unsern Fahnen
Wohl der tapferste der Ritter,
Der je maurisch Blut vergoß.

Schien zuweilen seine Freiheit
Schrankenlos und nah der Kühnheit,
Ihm vielleicht war diese Freiheit
Zu erlauben, seiner Treue,
Seiner alten Liebe wegen,
Die für unser Haus er trug.

Jetzo geht er, und auf lange –
Ein einfacher Mann; und tausend,
Tausend Herzen gehn mit ihm.
Ein einfacher Mann; verliert er
Mit dem Hofe, wo er nichts war,
Etwas? Einzig schon sein Name
Macht ihm einen andern Hof,
Wo er alles ist. Vom Schlosse,
Wenn ein hoher Stein sich losreißt,
Folgen bald ihm andre nach.

Könige sind nie in Ruhe.
Dieser will und der den Degen;
Und an alles soll der König
Denken, prüfen, widerstehn. –
Sagt ich dem gesamten Hofe,
Daß der Cid mir für euch alle
Gilt, nahm ich euch das Vergnügen
Seines Falles, und ihr nähmet
Meine Red als Vorwurf auf
Oder sprächet: Das sind Launen,
Launen sind's der Könige.

Summa: Cid, der erste Krieger,
Edel, auf der Ehre Gipfel,
Treu, verständig, mannhaft, klug –
Ohne Beugung vor dem Herren,
Was kann er vom Herrn erwarten?
Also bleib es, wie es ist,
Damit auch die fremden Völker
– Hört es alle, die umherstehn! –,
Damit auch die fremden Völker
Sagen, daß König Alfonsos
Ahndung keiner seiner Diener,
Selbst der Cid auch nicht, entging.«

Dasteht nun der Cid gerüstet!
Unwissend, was werden solle,
Schwört der Maure bei Mahoma.
Daß er Cid beleidigt habe,
Reuet jetzt König Alfonso;
Doch der Cid, er steht in Waffen;
Es geht nach Valencia.

Dasteht nun der Cid gerüstet;
Aufgestützt auf seinen Degen,
Spricht zuletzt er mit Ximenen;
Babieça beißt die Zügel,
Heiß-erwartend ihren Reiter,
Und des Cids Paniere rauschen
In der Luft, erwartend ihn.

»Warum weinet Ihr, Ximene?
Ist so schwach denn unsre Liebe,
Daß sie nicht ertragen könne
Einige Abwesenheit?
Jeder Edle ist dem König
Dienste schuldig; dem gerechten
Leistet man sie pflichtenmäßig,
Undankbaren schenkt man sie.

Mut und Sinn ist Euer Erbteil,
Tochter eines Heldenstammes,
Die Gemahlin eines Kriegers,
Frei von jeder Weibesschwachheit,
So, Ximene, laß ich Euch.

Jeden Augenblick des Tages
Wendet wohl an, nähend, stickend,
Singt am Abend mit den Töchtern,
Und, um Euer Haus zu ordnen,
Wachet mit Auroren auf!

Zu Vergnügungen verlaß ich
Euch die Sorge für die Herden,
Für die Wolle, fürs Gefieder;
Nie, Ximene, nie seid müßig,
Arbeit ist des Blutes Balsam,
Arbeit ist der Tugend Quell.

Eure reiche Kleidung schließet
Ein bis auf mein Wiederkommen;
Nicht, darin mir zu gefallen,
Sondern mir zur Ehre dann.
In Abwesenheit des Mannes
Kleidet einfach sich die Frau.

Junge Mädchen – fern vom Feuer,
Wie den Werg! Doch laßt die Töchter,
Wenn Gefahren Ihr entfernet,
Sie nichts merken von Gefahr!
Lasset sie an Eurer Seite
Schlafen und hinaus ins Grüne
Nie ausgehen ohne Euch!
Töchter ohne ihre Mutter
Sind wie Lämmer ohne Hirt.

Zeigt den Hausgenossen Würde,
Euren Frauen seid gesprächig;
Gegen Fremde seid bescheiden;
Gegen Euch und Eure Kinder
Unnachgebend-streng und fest!
Keiner Freundin, auch der besten,
Zeiget einen meiner Briefe,
Wie ich keinem meiner Freunde
Einen Eurer Briefe zeige;
Denn das Band der Ehgenossen
Ist ein zart-vertraulich Band.

Nie erwirbt man sich Hochachtung,
Wo man alles von sich wissen,
Alles übersehen läßt.

Die geschwätzige Gemahlin
Zieht den Mann in ihr Geschwätz,
Macht dabei sich selbst verächtlich;
Und doch ruhet auf der Achtung
Eines Hauses seine Macht.

      Sollt es Euch bisweilen Mühe
Kosten, meiner Briefe Inhalt
Zu verbergen – denn der Freude
Botschaft, sie verbirgt sich schwer –,
So entdeckt es, sie zum Schweigen
Zu gewöhnen, Euren Töchtern;
Ihrem Vater zu gefallen,
Schweigen, weiß ich, sie gewiß.

      Nehmet Rat von keinem Manne;
Fragt, was ich Euch raten würde,
War ich da, und folgt dem Rat!
Und in schweren Dingen – schreibet!
Nie verläßt Euch meine Feder,
Wie mein Degen und mein Herz.

      Zweiundzwanzig Maravedis
Laß ich Euch zur Tagesausgab;
Haltet Euch darnach! Der wahre
Adel steht nicht im Ersparen,
Doch auch im Vergeuden nicht.
Seid Ihr geldbedürftig, lasset
Keinen als nur mich es wissen;
Keinen Eurer Leute setzet
Je zum Pfände; suchet lieber
Geldessummen auf mein Wort!

      Auf mein bloßes Wort, Ximene!
Dieses, wie des Himmels Feste,
Weiß man, ist fest und gewiß.
Wie ich mich für andre schlage,
Glaubt, so werden sich auch andre
Froh bemühn für mich und Euch.

Lebet wohl! Und einen Kuß noch!
Einen nur; ich bringe keinen
Aus den Schlachten dir zurück.
Lebe wohl, meine Ximene ! –
Fort! Die Krieger möchten sagen,
Ich sei hier dein Bräutigam.«

Geschichte Cids
auf seinem Feldzuge in Valencia

49

> Handelt ungerecht der König,
> Will der Cid nicht also handeln;
> Er verließ sein Weib in Tränen
> Und in Tränen seine Töchter,
> Alle von ihm hochgeliebt;
> Brach in Länder ein der Mauren,
> Überwand sie in Gefechten,
> Er erobert' ihre Schlösser,
> Legte ihnen Zins und Pflicht auf.
> Als er Alcocer erobert,
> Schlössen ihn die Mauren ein;
> Zahlreich waren ihre Heere,
> Keinen Ausfall waget' er.
>
> Da trat zu ihm Alvar Fañez,
> Der sich nannte von Minaya;
> »Galt es dazu unsre Mühe«,
> Sprach er zu den Kriegsgenossen,
> »Daß wir unser Land verließen,
> Um uns hier den Bart zu kämmen?
> Brot, das müßig wir hier zehren,
> Krieger, ist kein Ehrenbrot.
> Auf! Hinaus unter die Mauren!« –
> »Alvar Fañez von Minaya«,
> Sprach der Cid, »du redest tapfer,
> Du sprichst wie ein Ehrenmann.
> Nimm die Fahne!«
>
> »Und beim Schöpfer
> Schwör ich dir«, antwortet' dieser,
> »Wo du sie vielleicht nicht selber
> Hintrügst, aus Bedenklichkeit,
> Trag ich sie.« Der Ausfall glückte;

Alvar Fañez von Minaya
Drang fort in die Maurenländer.
Zwar beklagten sich die Mauren,
Da sie Königes Alfonsos
Schutz genössen, über Unrecht;
Aber welcher Überwundne
Klaget über Unrecht nicht?

50

Briefe ließ der König schreiben,
Stolze Briefe an den Cid,
Voll von mancherlei Verleumdung
Seiner Feinde, der Spione.
Was den Grafen Consuegra
Cid antwortete, vernehmt.

»Edle Männer von Villalon,
Tapfre Ritter von Valduerna,
Guten Leute von Villalva,
Gute Christen von Sansueña,
Böse Spürer des Betragens
Andrer, lest – und leset recht!

Don Rodrigo ist mein Name,
Wohl auch Cid Campeador.
So ergeben meinem König
Als mein Weib Ximene mir,
Leb ich als ein schlichter Kriegsmann,
Der kaum zweimal in der Woche
Ab die Kriegeswaffen legt;
Schlafe nirgend als im Zelte;
Tue keinem Freunde übel,
Stünd es auch in meiner Macht;
Haue nur mit meinem Degen,
Aber nie mit Zung und Feder;
Esse sitzend auf der Erde,
Weil mir eine Tafel fehlt;
Lasse niemand mit mir speisen
Als die Braven und die Guten,
Anzuspornen durch die Sitte
Meiner Freunde Heldenmut.
Unsre Tischgespräche scharren
Nie auf die begrabnen Toten,
Greifen nie dem Urteil Gottes
Über die Lebend'gen vor.
Ich, der Cid, ich spreche selten,

Kümmre wenig mich um andre,
Frage nichts, als ob Babieça
Sei gewartet und gezäumt,
Aufzusitzen gleich nach Tafel,
Neu zu eilen ins Gefecht.

Lege nieder mich zum Schlafe,
Nicht zu wachen und zu sinnen,
Wie auf Wegen des Betruges
Ich erschleiche fremdes Gut.
Wach ich auf, so geht's zu Felde,
Hier – ein feindlich Schloß zu nehmen
Oder – liegen es zu lassen,
Wie das Glück will, wie es fällt.

Bin ich einsam, so gedenk ich
An mein Weib, und das mit Seufzen;
Weinend mußt ich sie verlassen,
Klagend wie die Turteltaube;
Und wohl einsam und wohl traurig
Lebet jetzt sie in der Fremde;
Doch sie lebet glücklich dort.

Übrigens, ihr hohen Herren,
Kann und darf der Cid antworten
Jedem, wer es sei, der frägt;
Er darf seine Seel enthüllen
Ohne Lug und ohne Scham.«

51

Von der Tafel seiner Tapfern
Rief der Cid, doch unvermerket,
Einen Krieger, der im letzten
Treffen übel sich erzeigt,
Martin Pelaëz; er rief ihn
Seitwärts und sprach so ihm zu:

»Essen beide wir zusammen
Heut an dieser sondern Tafel!
Denn das Mahl mit jenen Tapfern,
Die mit hohem Ruhm dort sitzen,
Steht für heute uns nicht zu.
Esset Ihr von Eurem Schemel,
Ich von diesem; Beide werden
Wir hier wohl beisammen sein.«

Fort fuhr er in dem Gespräche:
»Jene, die an hoher Tafel
Dort mit Alvar Fañez speisen,
Sind Dämonen, leiden keinen
Neben sich, der seine Ehre
Nur im mindesten befleckt.
Ehre duldet keine Flecken,
Jeder Fehl an ihr ist Brandmal,
Brandmal auf der schönsten Stirn.
Diesen Makel und sein Elend
Wegzutilgen, das vermögen
Spaniens reiche Schätze nicht.«

Und sprach weiter: »Eine Quelle,
Abzuwaschen solchen Flecken,
Quillet in des Feindes Brust.
Feindes Blut tilgt die Schande
Des Verzagten. Lieber sterben,
Junger Mann, als scheun sich müssen

Und sich nicht erkühnen dürfen,
Mit den Braven umzugehn!

An die Taten Eures Vaters,
Meines guten Freundes Pedro
Pelaëz, laßt uns gedenken;
Ha, wie spaltete sein Schwert!
Die Beispiele solcher Männer
Sollen uns aufmuntern, Jüngling,
Das zu tun, was jeder brave
Mann gehalten ist zu tun.
Bitten dürfen wir denn jene
Alte Teufel, daß sie wieder
Uns an ihre Tafel nehmen.
Sprecht mir, junger Mann, die Worte
Mir mit Mund und Herzen nach:

›Lieber unterm Fuß der Heidenrosse
Sterben und zerquetscht, zertreten werden,
Als daß einer der lebend'gen Christen
Ehrlos uns vertreib aus der Gesellschaft!‹

Setzt Euch fest auf diese Worte, Jüngling,
Daß, wenn wir auf jene Ebne kommen,
Sie der Wind nicht etwa Euch entnehme.
Auf, zum Schwert! Eur Pferd habt Ihr verloren.
Sorget nicht; ich geb Euch gleich ein andres.«

Leise sprach er diese und andre Worte
Zu dem Jüngling. Es ward aufgestanden;
Da ergriff er bei der Hand ihn, rufend,
Rufend aus mit seiner Eisenstimme:
»Lieber unterm Fuß der Heidenrosse
Sich zertreten lassen, als bei Christen
Leben und entehrt sein!« Also rief er.
Indem tönten die Drommeten,
Klarinetten, Zimbeln klangen;
Auf, ins Feld! Es geht zum Siege,
Krieger, gen Valencia!

Von den Reden Cids entflammet,
Tat an diesem Tage Wunder
Pelaëz vorm Auge Cids.

52

»Da die Königin des Himmels,
Die gebenedeite Jungfrau,
Uns Valencia zu erobern
Hülfreich beigestanden hat,
Pedro, so geht zu den Mauren,
Schafft den Leidenden Erquickung
Und dem Totenheer ein Grab!

Sagt den Überwundnen allen,
Männern und den Weibern saget,
Daß, die Stolzesten im Kriege,
Wir die Sanftesten im Frieden,
Menschlich und großmütig sein.

Regt sie an, zu mir zu kommen,
Daß ich selbst mit ihnen spreche,
Und für ihre Schätz und Weiber
Bleibe keinem eine Furcht.
Denn mir fehlen für die Schätze
Kasten, und für ihre Weiber
Fehlt ein Frauenharem mir.
Eine nur ist meine Gattin,
Eine, meine echte Frau.

Alvar Fañez, auf! Zu meiner
Armen, leidenden Ximene.
Führt sie her und meine Kinder;
Nehmt auch etwas Gold mit Euch,
Daß sie sich das Nöt'ge kaufen
Und anständig hier erscheinen,
Diese schöne Stadt zu sehen
Und Rodrigo, ihren Freund.

Ferner dreißig Mark an Golde
Nimm mit dir, dem heil'gen Pedro
Lege sie auf den Altar!

Auch zweitausend Silberstücke
Stelle den ehrhaften Juden
Israel und Benjamin
Bittend zu, mir zu verzeihen
Mein allereinz'ge Lüge,
Die ich lebenslang beging!

Die verpfändeten zwei Kasten,
Die verschlossen sie annahmen,
Glaubten sie voll guten Goldes,
Und sie waren voller Sand.
Dennoch war es keine Täuschung:
Denn mein Wort war in den Kasten,
Und mein Wort ist gutes Gold.

Antolinez, Ihr begleitet
Alvar Fañez. Seine Zunge
Ist ein wenig träg; und Eure,
Sie gefällt im Sprechen sich.
Auf! Erzählet der Ximene
Unsre Abenteuer alle!
Helft ihr denn auch im Gesange;
Denn sie liebt in frohen Stunden
Die Gitarr und den Gesang.

An den Hof des Königs ziehet
Dann auch beide miteinander:
Überreicht ihm die Geschenke
Mit der ehrerbiet'gen Bitte,
Daß er Gattin mir und Kinder
Gnädig lasse mit euch ziehn.

Was in deiner Kriegersprache
Du zu sagen hast, vergiß nicht,
Alvar Fañez, auch kein Wort!
Wohl, daß einem Held am Hofe,
In der Schule seines Lehrherrn,
Du dabei zu lachen gibst;
Andre werden meine Plane

So wie deine Worte meistern
Und bespötteln. Mach es also,
Daß dem Neide nichts auch bleibe
Als das Gift in seiner Brust!

    Zieht dann, meine Freunde, ziehet!
Wenn hieher zurück ihr kehret,
Findet ihr mich Überwinder
Andrer Mauren, meiner Feinde,
Oder – findet mich nicht mehr.«

53

Angekommen itzt zu Burgos,
Küssete die Hand dem König
Alvar Fañez von Minaya,
Antolinez neben ihm.

»Untertänige Geschenke
Überbring ich, großer König,
Von dem stolzesten Vasallen,
Den Ihr aus dem Reich gebannt.

Und mich selbst in dieser Sendung
Nicht zu täuschen, so erlaubet,
Daß ich Euch die Worte sage,
Die er zu mir selbst gesagt;
Denn wo Cid nicht ist, bin ich.

Also sprach er: ›Aus Valencia
Send ich, was von dem Vasallen
Seinem Oberherrn gebührt.
Das Andenken an die Härte,
Die Ihr, König, mir erwiesen,
Längst ist es aus meiner Brust.
Vielmehr segn ich alles, alles,
Was daher zu meinem Ruhme
Und für Euer Reich entsprang.
Überreichen wird Euch Fañez
Hundert ritterliche Pferde
Mit den Decken und Geschirr,
Hundert Sklaven, die sie führen,
Und im Kasten dreißig Schlüssel
Von den Städten und den Schlössern,
Die hiemit Euch der Verräter,
Die der Cid Euch übergibt.

Stolz bezahl ich meine Schulden,
König, mit den Gütern reicher

Überwundner Könige.
Einem Armen und Vertriebnen,
Dem Ihr nichts, o König, ließet,
Blieb nichts übrig, als auf Kosten
Andrer Euch befriedigen.

    Alvar Fañez, mein Gesandter,
Ist ein Krieger, der sich selber
Sein Gut zu erwerben weiß;
Er begehret nicht Geschenke,
Nur daß Ihr ihm, König, zusprecht,
Wie es seiner Ehre ziemt.
Was ich nie von Euch erlangte,
Wahrlich, das verdienet Er.

    Ehrenworte kosten wenig,
Und sie sind so reich einträglich
Einem guten Könige;
Sie gewinnen ihm die Herzen,
Wenn bei ungerechten Worten
Sich das treuste ihm entzieht.
Daß der Cid Euch treu blieb, König,
Traut, o trauet nicht dem Beispiel!
Viele sind vielleicht an Mute,
Wen'ge ihm an Großmut gleich.
Edel hielt er's, Euch zu dienen;
Andre könnten's edel halten,
Sich zu rächen für die Schmach.
Wer den Dolch Bellido reichte,
Kann ihn dreißig andern reichen,
Wenn er sie dafür bezahlt.
Fing Bellido nicht mit Schmeicheln
Seinen Trug an bei Don Sancho,
Den sein Dolchstich endete?

    Wer einmal den Schmeichlern wohltut,
Leget sich die harte Not auf,
Immer ihnen schönzutun.
Schmeichler sind es, die sich rächen;

Aus dem Honig ihrer Lippen
Machet Euch ein Bollwerk, König,
Und Ihr werdet es erfahren,
Wie dies Euch verteidige.‹

      Werdet Ihr vielleicht mir sagen:
Aus dem ungestümen Munde
Cids ergehen nichts als Lehren?
Freilich ging wohl mancher König
Irre durch zu viele Lehren;
Aber der war stets verloren,
Dem *kein* Rat gefällig war.«

      Spottend hob ein Graf die Stimme,
Sprach mit höhnischem Gelächter:
»Klar ist's, lieber heut als morgen
Wünscht der Cid sich her nach Burgos,
Um hier fortzupredigen.«

      Alvar Fañez stieß im Zorne
Rückwärts sich den Helm, und knirschend
Rief er: »Wer hier wagt zu mucken –
Wo der Cid nicht ist, bin ich!«

      Alles schwieg; und Antolinez,
Er begann mit süßer Rede;
Seine sanften Worte rührten
So die Seele des Monarchen,
Daß er augenblicks Ximenen
Frei es stellte, zum Gemahle
Hinzuziehn, zum großen Cid.

54

Angekommen in Valencia,
Angelangt nach langer Trennung
In der schönen Stadt, gewonnen
Durch die Tapferkeit des Cid,
Lebten jetzt Doña Ximena,
Sie, die Mutter, und die Töchter
Mit dem Cid, der hoch sie liebte,
In Verehrung, Freud und Glück,

Als schnell eine Botschaft ankam:
Miramamolin der Große
Nahe sich mit mächt'gen Heeren;
Funfzigtausend Mann auf Rossen,
Die zu Fuße nicht zu zählen;
Ihm Valencia zu entreißen,
Nah er mächtig sich dem Cid.

Wohlerfahren in den Waffen,
Rüstet dieser stracks die Festen
Aus mit Vorrat und mit Volk,
Muntert' auf dann seine Ritter
Freudig, auf gewohnte Weise,
Führte dann Doña Ximena,
Sie und seine beiden Töchter
Auf des Schlosses höchsten Turm.

Allda sahen sie zum weiten
Meer hinaus die Mauren kommen,
Sahn mit großer Eil und Sorgfalt
Sie aufschlagen ihre Zelte
Unter Kriegsgeschrei und Trommeln,
Kriegsgeschrei und Paukenhall.

Großes Schrecken faßt die Mutter
Wie die Töchter; denn sie hatten
Solche Heere nie zu Felde,

Nie auf *einem* Platz gesehn.
»Fürchtet nichts, ihr Lieben alle«,
Sprach der Cid, »solang ich lebe,
Nah euch keine Sorg und Angst!
Morgen – und ihr sehet alle
Diese Mauren überwunden;
Töchter, und von ihrer Habe
Mehrt sich euer Heiratsgut.
Je mehr ihrer, desto besser,
Desto reicher wird die Beute
Für die Kirche zu Valencia,
Die, dem Volk zu hoher Freude,
Morgen euch zu Füßen liegt.«

Jetzt bemerkend, daß die Mauren
Nah sich an die Tore drängten,
Sonder Ordnung, im Gewühl,
Sprach er: »Alvar Salvadorez,
Leget an Euch Eure Rüstung,
Nehmt mit Euch zweihundert Reiter,
Wohlgeübt auf ihren Rossen,
Und macht auf die Heiden Jagd,
Daß Ximene und die Mädchen
An dem Jagen sich erfreun!«

Kaum gesprochen, so geschah es:
Im Getümmel, im Getrappel
Flohn die Mauren zu den Zelten;
Wer nicht fliehen konnte, blieb;
Doch hier wandten sie sich alle,
Und weil Alvar Salvadorez
Vorwärts sich zu weit gewagt,
Fiel er in die Hand der Mauren,
Bis ihn tages drauf mit reichem
Ruhm befreiete der Cid.

55

Wohlgeordnet seine Völker,
Die zu Fuß und die zu Rosse,
Zog der Cid jetzt aus Valencia;
Aus dem Tor der Wasserschlange
Zogen sie hinaus ins Feld.

Seine Fahne trug Bermudez;
Hieronymus, der Bischof,
Zog in Rüstung mit dem Heer
Gegen den Barbarenkönig,
Miramamolin genannt,
Der dem Cid die schöne Beute,
Sein erworbnes Reich Valencia,
Mit wohl funfzigtausend Reitern
Trotzig abzunehmen kam.

Als einander gegenüber
Mauren nun und Christen standen,
Soviel Mauren, Christen wenig,
War alles in Furcht und Angst,
Bis auf seinem Roß Babieça
Cid erschien, in reichen Waffen,
Und mit lauter Stimme rief:
»Gott mit uns, und San Jago!«
Sprengte dann ein in die Feinde,
Hieb und tötete; gebadet
War sein Arm in Heidenblut;
Wer sich ihm zu nahen wagte,
Jeder Maur', galt einen Hieb.

Endlich fand den Maurenkönig
Selbst er auf im Schlachtgetümmel.
Dreimal traf er; dreimal schützte
Den Barbaren nur die Rüstung,
Bis er sich, erst hintern Hügel

Schleichend, dann in ein Kastell zog
Und dem Cid das Feld verließ.

    Von dem Volk, mit ihm gezogen,
Blieben wenig ihm der Tausend;
Was nicht tot lag, ward gefangen,
Und das Lager, reich an Silber,
Reich an Pferden, ward erbeutet;
Und im allerreichsten Zelte,
Das die Christenheit je sah,
Fand sich Alvar Salvadorez.
Hoch erfreuet war der Cid;
Hoch erfreuet kehrten alle
Nach Valencia; Mutter, Töchter,
Die vom Turm die Schlacht geschauet,
Froh empfingen sie den Cid.

Dankend Gott und San Jago
Für den Schutz, den sie ihm schenkten,
Für die Kraft, die sie ihm liehen,
Auszufechten solche Schlachten,
Zu bezwingen soviel Mauren,
Zu gewinnen Städt und Festen,
Wie kein andrer sie gewann –
Denn Gott und der Erzapostel
Hielten ob ihm ihre Hand –,

Lebte Cid jetzt, hochgefürchtet,
Hochgefürchtet und verehrt,
In Valencia mit Ximenen
Und mit seinen beiden Töchtern,
Doña Sol und Doña Elvira,
Die er über alles liebt'.

Ringsum in Kastilien gingen
Von ihm Wunderneuigkeiten,
Also daß zwei junge Grafen,
Reiche Grafen Carrion,
Vor den König Don Alfonso
Bittend traten, daß er beide
– Brüder waren sie – vermähle
Mit den edeln Töchtern Cids.

Don Alfonso, kein Bedenken
Findend an der reichen Heirat,
Lud den Cid, ihn in Requeña
Zu besuchen, sprach mit ihm
Viel von seinen Wundertaten,
Von den Schlachten, von den Siegen;
Rechenschaft gab ihm der Cid.

»Aber Ihr seid alt geworden,
Guter Cid«, sprach Don Alfonso.

»Großer König«, sprach der Feldherr,
»Soviel Sorg und Kriegesarbeit
Macht schon alt; kaum hatt ich Ruhe,
Kaum Erholung einen Tag.
Alles indes überstanden,
Ist Valencia, Euch gewonnen,
Voll Vermögen, voll von Gütern,
König, Euer Eigentum.«

    »Guter Cid, genießt das Eure!«
Sprach Alfonso; »mir genüget
Eurer Taten Ruhm, die Ehre
Eines Feldherrn und Vasallen,
Wie kein Christenreich ihn hat;
Gerne wünscht ich Euren Töchtern
Standesmäßige Gemahle;
Und da haben sich zwei Grafen,
Reiche Grafen Carrion,
Brüder, sie von mir erbeten;
Übel wäre nicht die Heirat,
Und ich steh für die Gefahr.«

    Sprach der Cid: »Sie sind die Eure,
Guter König, und Ximenens
Wille ist gewiß der meine;
Die ich über alles liebe,
Meine Töchter, schenk ich Euch.«

    Traten zu ihm beide Grafen,
Küsseten dem Cid die Hände;
Nach Kastilien zog der König,
Nach Valencia zog der Cid.

57

Mit ihm zogen beide Grafen,
Ihm zu seinen Schwiegersöhnen,
Seinen Töchtern zu Gemahlen
Von dem Könige geschenkt;
Hocherfreuet war Ximene,
Hocherfreuet beide Töchter;
Alvar Fañez übergab sie
Den Gemahlen, und der gute
Erzbischof verlobte sie.

Feste werden angeordnet,
Ritterkämpfe, Prachtturniere;
Mohren, Christen, alle freuen
Auf das Fest sich, auf die Spiele;
Ach, ein böser Unfall störte
Alle Freuden, alle Lust.

Hört! Ein ungeheurer Löwe,
Den der Cid an seinem Hofe
Längst schon hielt, entkam dem Wächter,
Und als wär er angewiesen,
Lief er auf die beiden Grafen
– Eben schlummerte der Cid –,
Warf die Tafel um und brüllte
Schrecklich. Sein Geschrei erweckte
Schnell den Schlummernden; er sprang
Auf den Stuhl, erhob die Stimme;
Und der Löwe, der ihn ansah,
Der die Eisenstimme kannte,
Wandte sich und ging zurück.

Blaß von Todesfurcht und Schrecken,
Schleichen jetzt die Grafen seitwärts,
Wähnend, daß zu ihrem Schimpfe
Dieser Scherz bereitet sei.
Darin stärket sie ihr Oheim,

Der zur Heirat sie begleitet;
Und so werden eins sie alle,
Abschied schnell vom Cid zu nehmen,
Wegzuziehn mit ihren Weibern
Und zu rächen an den Töchtern,
Was am Vater sie nicht könnten –
    O des schändlichen Beginnens!
    O des bübischen Verrats!

    Ehrerbietig treten beide
Vor den Cid, Abschied zu nehmen,
Heimzuziehn mit ihren Bräuten
Und die Hochzeit dort zu feiern;
Also wünschte es ihr Vater. –

    Cid, befremdet und betroffen,
Hielt in seinem großen Herzen
Beide – nicht für niederträchtig,
Nur für launisch und unhöflich;
Doch der Mutter Herz wehklaget,
Und es schlägt das Herz der Töchter,
Unter Seufzern, unter Tränen
Scheidend; Cid begleitet sie.

58

Auf geradem Wege zogen
Erst die Grafen; wohl empfangen
Von des edlen Cids Vasallen,
Freundlich auch von jedermann;
Wer des Helden Namen kannte,
Wer des Helden Töchter sah,
War ihr froher Untertan.

Auch die Schwiegersöhne heucheln
Freundlich ihrem guten Vater,
der beklommen von den Töchtern
Und mit Seufzen Abschied nahm;
Denn ein Strom gepreßter Tränen
Gießt sich auf der Töchter Wangen:
»Warum geht Ihr, guter Vater?
Wem verlaßt Ihr Eure Töchter?«
Warum gehst du, edler Cid?

Seitwärts ab vom Wege lenken
Jetzt die Grafen in die Wüste,
Voraus sendend ihren Zug.
Und als tief sie im Gebürge
Waren, einsam von den Menschen,
Hießen sie die edeln Doñas
Niedersteigen von den Mäulern;
   O der niedrigen Verräter!
   O des schändlichen Verrats!

Rache jetzt an Cid zu nehmen,
An Cid, der sie nie beleidigt,
Auch des Kastilianeradels
Neid und Haß und bittern Groll
Auszugießen, einzuprägen
Unauslöschbar auf sein Haus,
Reißen sie den Schmuck der Kleider
Ab vom Busen der Vermählten,

Schleppen sie an ihren Haaren,
Geben Streiche ihren Wangen,
Ihrem Rücken Riemenstreiche,
Daß ihr Blut zur Erde fließt.
»Habt das jetzt für euren Vater,
Für den großen Cid, den edeln,
Der den Kastilianeradel,
Der den Hof verachtend schmähte,
Der auf uns den Löwen ließ!«

    Also ließen sie die beiden,
Die Unschuld'gen, angebunden
Tief im Wald an einem Baum.
Und wie nach vollführtem Siege
Ziehen fürder sie die Straße.
»Wo ist unsre Herrschaft blieben?«
Fragt der Zug. Die Grafen sprechen:
»Doña Sol und Doña Elvira,
Beide sind sie wohlversorgt.«
    O der niedrigen Verräter!
    O des schändlichen Verrats!

    Doch vom Himmel und im Herzen
Ihres edlen großen Vaters
War die Rettung der Verlaßnen
Wunderbar vorherbestimmt.
»Reitet«, sprach der Cid beim Abzug
Zu Ordoño, seinem Neffen,
»Reitet querhin durch die Wüste,
Zu Valencia sehn wir uns.«

59

Angstgeschrei und Weh und Seufzen,
Ächzen wie der Sterbenden
Drang hinauf von den Verlaßnen,
Auf gen Himmel und erreichte
Bald Ordoños horchend Ohr.

Den Verlassenen zu Hülfe
Eilt' er tiefer in die Wüste,
Und als er die Edlen sah –
Wütend rauft er sich die Haare,
Wütend flucht er den Verrätern;
Feig entflohen waren sie.

Decket dann mit seinen Kleidern
Die Verlassenen, Halbtoten,
Löset ihre harten Bande,
Eilt, Erquickungen zu suchen,
Rettung, Obdach, Sicherheit.
Bald auch fand er einen Landmann,
Treu dem Cid und ganz ergeben,
In des Hütte trugen beide
Schweigend die Verlassenen,
Wo des Landmanns Weib und Töchter
Freundlich ihrer sich annahmen
Und sie treu verpflegeten.

Don Ordoño sprach: »Señoras,
Unter dieser guten Leute
Sichern Obhut weilet hier;
Ich geh jetzt mit einer Nachricht –
Ach, wo werd ich Worte finden,
Sie dem Vater, sie der Mutter
Zu verkündigen? Dem Cid!«

Wo die Taten Rache fodern,
Schweigen Worte. Cid erwidert

Nichts und schlug sich an die Brust:
»Wohl hast du mir das gesaget,
Gutes Herz! Doch so abscheulich,
Schändlich, häßlich, niederträchtig,
Nicht der Teufel handelt so.«

Aber welche Tränenquellen
Werden jetzt der Mutter Augen!
Standhaft tröstet sie der Cid,
Sendet Boten ab zum König,
Schnelle Boten, um Erlaubnis,
Kommen selbst vor ihn zu dürfen.
Gen Toledo, wo er war.

Gnädig nahm ihn auf der König,
Als er ankam mit den Rittern,
Gnädig, wie es Cid verdient:
»Meine Dienste wißt Ihr, König,
Für Fernando, Euren Vater,
Für den unglücksel'gen Sancho
Und, Alfonso, auch für Euch.«

Alsobald gebot der König;
Und die beiden Grafen reichten,
Schimpflich und doch nicht beschämet,
Die Tizona und Colado
Ihrem edlen Herrn zurück.

»Hab ich«, sprach der Cid, »euch wieder,
Angedenken meines Lebens,
Dich, Tizona, einst gewonnen
Von Bukar, dem Mohrenkönig,
Als Valencia ich bezwang;
Dich, Colado, den der edle
Graf von Barcelona trug,
Als den Aragonierkönig
Wir mit Ruhm besiegeten!
Nehmt die Degen, Don Bermudez
Und Alvar Fañez Minaya;
Bis zum Schluß der Reichsversammlung
Wahrt vor jedem Niederträcht'gen,
Wahret sie in eurer Hand!«

Jetzt mit fürchterlichem Aufruf
Griff der Cid an seinen Bart,
Nannt in Gegenwart des Königs
Und der ganzen Reichsversammlung,
Nannt die Grafen und den Oheim,
Der den Anschlag angegeben,
Niederträchtige Verräter.

Als ein Mann von Ehre trug er
Ritterlich die Klage vor.

Sich entschuld'gen wollen beide;
Doch umsonst ist die Entschuld'gung,
Auf der Lippe stockt das Wort.
»Sprechet«, rief der Cid noch lauter,
»Ist es Wahrheit, was ich sage?
Tod oder Bekenntnis.« –

»Der«,
Sprach im Spott Garzia Cabra,
»Der mit seiner Eisenstimme
Und mit seinem langen Bart
Will euch, Grafen, hier erschrecken;
Geh er hin zu seinen Mauren« –
»Schweigt!« antwortete der König;
»Recht gilt hier es und Gericht.
Fechten müßt ihr, Angeklagte,
Drei mit drei, ihr beiden Grafen
Und der Oheim in Person;
Anderseits, wen von den Rittern
Gegenüber euch zu stellen
Der Beleidigte sich wählt.«

Auf der Stelle wählte Cid
Drei von seinen wackern Männern,
Don Bermudez und zwei Vettern,
Stellend sie dem Feinde dar;
Nahm darauf vom König Abschied,
Nach Valencia zog er heim.

61

Niederträchtige Verräter
Bleiben immer hinterlistig;
Können sie mit Ritterehre
Nicht entgehn dem bösen Kampf,
Wollen sie ihn von Toledo
Fernhin ziehen auf die Ebne
Ihres Städtchens Carrion.

Schon versammlet sind dort alle
Große, stattliche Verwandte,
Selbst aus königlichem Stamm;
Alle reich in goldner Rüstung,
Alle prächtig im Gefolge,
Übermütig, frech und stolz.

Und ihr Anschlag ist, die Ritter
Cids voran hinwegzublasen,
Ehe noch der Kampf beginnt.
Kaum wird diesen solches merkbar,
Wenden sie sich an den König:
»Unter des Gesetzes Schutz
Und in deinem sind wir, König,
Dir vertraut, dir anbefohlen;
Wenn wir hinterlistig fallen,
Rächen wird uns unser Cid.«

So gewarnet, nimmt der König
Aller dreier Leib und Leben
Öffentlich in seinen Schutz;
Weist die hinterlist'gen Grafen
Gen Toledo, untersagend
Das Gefecht in Carrion.
Oh, wie sank das Herz den Frechen!
Vorm Colado, vor Tizona
Zittert jetzt ihr Übermut.

Feld und Platz sind abgemessen,
Aufgerichtet stehn die Schranken.
Wo bleibt Fernan Gonzalez?
Denn Bermudez steht erwartend –
Endlich tritt er auf, erbebend,
Stößt zuerst mit seiner Lanze,
Und schon liegt er tief am Boden
Mit durchbohrtem Schild und Harnisch;
Bittend fleht' er um sein Leben,
Als er die Tizona sah
Aufgehoben. »Stirb, Verräter!«
Rief Bermudez. »Schenk, o schenke
Mir mein Leben!« sprach der Feige,
»Ich erkenne mich besiegt.«

Martin Antolin von Burgos
Hob die Lanz und den Colado
Gegen Diego Gonzalez.
Mächtig schrie er um Erbarmen
Unter Püffen, unter Streichen
Des Colado, bis sein Roß ihn
Günstig aus den Schranken riß.
»O wie schändlich«, riefen alle,
»Schändlich ist auch der besiegt.«

Nuño Gustioz tritt entgegen
Dem verräterischen Oheim,
Suer Gonzalez, durchbohret
Ihm auf einmal Helm und Schild;
Blutend liegt er an dem Boden;
Schon setzt Nuño ihm die Lanze
Ins Gesicht; da ruft des Vaters
Klägliches Geschrei: »Erbarmen!
Lieget er denn nicht besiegt?«

Ja, besiegt und niederträchtig
Feige, sind sie überwunden,
Die Stolzen, Vermessenen.
Nichts blieb itzt dem König übrig,

Als das Urteil auszusprechen
Niedriger Verräterei.
Ehrlos werden ihre Namen,
Eingezogen ihre Güter,
Und kein Mann von Ehre nennet
Ohne Scham die Niedrigen.

Als der Cid von seinen Siegern
Froh die gute Botschaft hörte,
Dankt' er Gott; doch blieb im Herzen
Ihm die bittere Erinnrung
Lebenslang ein wunder Ort.
Seit der Schmach, die ihm begegnet,
Trug er fortan schwarze Rüstung,
Übersät mit goldnen Kreuzen,
Und war stiller als vorher.

Eingeschlummert, matt vor Alter,
Saß auf seinem hölzern Stuhle
Cid, der Feldherr; neben ihm
Saß Ximene mit den Töchtern,
Stickend eine feine Leinwand.
Ihnen winkte mit dem Finger
Sie, des Vaters süßen Schlummer
Nicht zu stören; alles schwieg –

Als zwei persische Gesandte,
Den ruhmvollen Cid zu grüßen,
Kommen mit Geräusch und Pracht;
Denn der Ruf von seinen Taten,
Von der Größe seines Wertes,
Drang durch Mauren und Araber
Hin ins ferne Persien.

Von des Helden Ruhm ergriffen,
Sandt der Sultan ihm Geschenke,
Seidenstoffe, Spezerein.

Angelanget mit Kamelen,
Traten vor ihn die Gesandten.
»Ruy Diaz«, sprach der eine
Mit hinabgesenktem Blick,
»Ruy Diaz, tapfrer Feldherr!
Unser mächtiggroßer Sultan
Beut dir seine Freundschaft an.
Bei dem Leben Mahoms schwur er:
Hätt er dich in seinem Lande,
Wohl die Hälfte seines Reiches
Gäb er gerne dir als Freund.
Seine Achtung dir zu zeigen,
Sendet er dir die Geschenke.«

Ihm antwortete der Cid:
»Sagt dem Sultan, eurem Herren,
Daß die Ehre seiner Botschaft
Ich empfange unverdient.
Was ich tat, es war nur wenig;
Was ich bin, ward oft verleumdet.
Hätt er sich bei uns erkundet,
Wer ich sei, er hätte wahrlich
Mir die Ehre nicht erzeigt.
Indes war er Christ, ich machte
Ihn zum Richter meines Werts.«

Also sprach der Cid und zeigte
Ihnen darauf seine Schätze,
Die Gemahlin und die Töchter;
Zwar nicht überdeckt mit Perlen,
Ohne Schmuck und Edelsteine,
Doch des Herzens Güt und Unschuld
Sprach aus jeglichem Gesicht.
Über seiner Töchter Schönheit
Waren beide hoch erstaunt,
Und noch mehr, noch mehr erstaunet
Über seine schlichte Sitten,
Über sein einfaches Haus.

Auch in Spanien besiegte
Bald sein Ruhm die ärgsten Neider;
Seine schönen, edlen Töchter,
Doña Sol und Doña Elvira,
Fand der Lohn; an zwei Infanten
Aragoniens und Navarras
Wurden glücklich sie vermählt.

63

Matt von Jahren, matt von Kriegen,
Obwohl überdeckt mit Ruhme,
Als der Cid, Bukar entgegen,
Der, Valencia ihm zu rauben,
Auf ihn drang mit starker Heerskraft,
Dreißig Könige mit ihm,
Als Cid gegen sie hinauszog,
Sprach er zu Ximenen so:

»Wenn ich überdeckt mit Todeswunden
Auf dem Schlachtfeld falle, so bestatte
Mich beim heil'gen Pedro de Cardeña,
Nahe dem Altare; und, Ximene,
Sei wohl auf der Hut, daß dich der Mauren
Keiner dann in Furcht und Schwachheit sehe!
Wenn man diesseit über meinem Leichnam
Ruhepsalmen singt, so rufe jenseit
Man zu Waffen, daß mein Tod den Feinden
Neuen Mut nicht und den Sieg nicht gebe.

In der Rechte laß mir die Tizona
Auch in meiner Gruft, daß sie kein andrer,
Kein Unwürd'ger führe! Will es Gott so
Und du siehst Babieça aus dem Schlachtfeld
Ohne mich heimkehren, öffn ihm freundlich
Gleich die Pforte, streichle ihn, Ximene!
Wer dem Herrn so treu wie er gedient hat,
Ist auch Lohns wert nach des Herren Tode.

Hilf, Ximene, hilf mir in die Waffen!
Sieh, dort blinket schon die Morgenröte;
Und es geht auf Leben oder Tod jetzt.
Gib mir, Liebe, gib mir deinen Segen!
Und was ich erworben, sei der Himmel
Gnädig deiner Kraft, es zu erhalten!«

Ausgesprochen diese Worte,
Schwang er mühsam sich vom Eckstein
Auf sein gutes Pferd Babieça;
Das sah seinen Herren traurig,
Traurig hing es seinen Kopf.

Matt von Kriegen, matt von Kämpfen,
Lag der Cid auf seinem Lager,
Denkend an die nahe Zukunft,
An Gefahren der Ximene,
Als er neben sich am Bette
Leuchten sahe welchen Glanz!

Einen Mann an seiner Seite
Sah er; heiter war sein Antlitz,
Glänzend, und sein Haar gekräuselt,
Weiß wie Schnee; er saß ehrwürdig
Da, in süßem Himmelsduft.

»Schlummerst du, mein Freund Rodrigo?«
Sprach er. »Auf, ermuntre dich!«

»Und wer bist du«, sprach der Feldherr,
»Der im Wachen mit mir spricht?«

»Pedro bin ich, der Apostel,
Dessen Haus dir so beliebt ist,
Hergesandt auf deine Sorgen,
Komm ich, zu verkünden dir,
Daß dich Gott nach dreißig Tagen
Rufet in die andre Welt,

Wo dich alle deine Freunde,
Wo die Heil'gen dich erwarten.
Um die Freunde, die du lässest,
Um Ximenen sei nicht bange!
Aufgetragen meinem Vetter,
Dem San Jago, ist ihr Sieg.
Mache fertig dich zur Reise
Und bestelle froh dein Haus!«

Dies gehöret, sprang Rodrigo
Munter auf von seinem Lager,
Will dem heiligen Apostel
Dankend froh zu Fuße fallen;
Doch die himmlische Erscheinung
War hinweg; er stand allein.

65

Tausend hundert zweiunddreißig,
Am dreizehnten Tag des Maimonds
War es, als der gute Feldherr
Von Bivar die Welt verließ.

Tages drauf, als ihm San Pedro
Prophezeiend war erschienen,
Ließ er seine Freunde kommen,
Und Ximenen ihm zur Seite,
Sprach er seinen letzten Willen
Ernst und ruhig also aus:

»Zu San Pedro de Cardeña,
Wie du mir versprachst, Ximene,
Wird mein Körper heimgeführt.
Jedem meiner edlen Männer
Gib fünfhundert Maravedis;
Denn sie waren treu ergeben,
Treu dem Cid bis in den Tod.
Alvar Fañez von Minaya,
Du, mein Freund, wirst sie verteilen.
Was dir bleibt, meine Ximene,
Wend es an zu frommen Werken,
Und für deine Güt und Liebe
Habe meinen treusten Dank!
In das Kloster zu Cardeña
Wirst du meinen Leib begleiten;
Mein Vertrautester, Gil Diaz,
Don Jeronimo, der Bischof,
Alvar Fañez und Bermudez,
Meine Treugeliebten alle,
Werden, dir und mir gefällig,
Wohl mit dir die Reise tun.«

So empfahl er Gott die Seele,
Nahm Abschied von seinen Freunden
Und empfing das Sakrament.

Tages noch vor seinem Tode
Ließ Cid seine Freunde kommen,
Und als Feldherr sprach er so:

»Ich weiß, daß der Maurenkönig,
Daß Bukar mit seinen Heeren,
Der Valencia hart umschließt,
Gierig meinen Tod erwartet;
Bergt dem Sarazenen ihn!

Und die kostbarn Spezereien,
Die Balsame, die der Sultan
Mir aus Persien gesandt,
Sandt er wohl für meinen Leichnam. –
Wohl, ihr Freunde, laßt ihn waschen,
Balsamiert ihn mit der Myrrhe,
Kleidet ihn von Haupt zu Fuß;
San Jago wird euch begleiten,
Und kein Klaggesang erschalle,
Keine Träne wein um mich!

Vielmehr, wenn ich ausgeatmet,
Lasset die Drommeten tönen,
Laßt die Pauken, laßt die Zimbeln,
Laßt die Klarinetten rufen
Feldgeschrei zur nahen Schlacht!

Und wenn ihr dann nach Kastilien
Meinen Leichnam hinbegleitet,
Wiß es ja kein Mohrenseewolf;
Alle lasset hier zurück!
Sattelt meinen Freund Babieça,
Kleidet mich in meine Waffen,
Gürtet an mir die Tizona,
Und so setzt mich auf mein Roß!
Neben mir dann geht Gil Diaz,

Don Jeronimo, der Bischof,
Und mein tapfrer Freund Bermudez;
Ihr, Alvar Fañez Minaya,
Ziehet stracks hin auf Bukar;
Daß Euch Gott den Sieg verleihn wird,
Sagte mir San Pedro selbst.«

Also sprach der Feldherr ruhig;
Und des Sultans Ehrenbalsam
War gesandt ihm zum Triumph.

67

Fahnen, gute alten Fahnen,
Die den Cid so oft begleitet
In und siegreich aus der Schlacht,
Rauschet ihr nicht in den Lüften?
Traurig, daß euch Stimm und Sprache,
Daß euch eine Träne fehlt;
Denn es brechen seine Blicke,
Er sieht euch zum letztenmal.

Lebet wohl, ihr schönen Berge,
Teruel und Albarazin,
Ew'ge Zeugen seines Ruhmes,
Seines Glückes, seines Muts;
Lebet wohl, ihr schönen Höhen,
Und du, Aussicht auf das Meer hin!
Ach, der Tod, er raubt uns alles,
Wie ein Habicht raubt er uns!
Seht, es brechen seine Augen,
Er blickt hin zum letztenmal.

Was hat er gesagt, der gute
Cid? Er liegt auf seinem Lager.
Wo ist seine Eisenstimme?
Kaum noch kann man ihn verstehen,
Daß er seinen Freund Babieça,
Ihn noch einmal sehen will.

Babieça kommt, der treue
Mitgefährt des wackern Helden
In so mancher, mancher Schlacht.
Als er die ihm wohlbekannten
Guten alten Fahnen siehet,
Die sonst in den Lüften wehten,
Hingebeugt aufs Sterbelager,
Unter ihnen seinen Freund,

Fühlt er seinen Lauf des Ruhmes
Auch geendet, steht mit großen
Augen stumm da wie ein Lamm;
Sein Herr kann zu ihm nichts sprechen,
Er auch nichts zu seinem Herrn.
Traurig sieht ihn an Babieça,
Cid ihn an zum letztenmal.

Gerne hätt sich Alvar Fañez
Mit dem Tode jetzt geschlagen;
Ohne Sprache sitzt Ximene;
Cid, er drückt ihr noch die Hand.

Und nun rauschen die Paniere
Stärker; durch das offne Fenster
Weht ein Wind her von den Höhen.–
Plötzlich schweigen Wind und Fahnen
Edel; denn der Cid entschläft.

Auf nun, auf! Drommeten, Trommeln,
Pfeifen, Klarinetten tönet,
Übertönet Klag und Seufzen;
Denn der Cid befahl es da.
Ihr geleitet auf die Seele
Eines Helden, der entschlief.

68

Ausgeatmet hat der gute
Cid, der von Bivar sich nannte.
Zu vollbringen seinen Willen
Ist Gil Diaz jetzt bedacht.

Balsamieret wird sein Leichnam;
Frisch und schön, als ob er lebte,
Sitzt er da mit hellen Augen,
Mit ehrwürdig-weißem Bart;
Eine Tafel stützt die Schultern,
Eine Tafel Kinn und Arme;
Unbewegt auf seinem Stuhle
Sitzt er da, der edle Greis.

Als zwölf Tage nun vergangen,
Schalleten die Kriegsdrommeten,
Weckten auf den Maurenkönig,
Der Valencia hart umschloß.

Mitternacht war's, und man setzte
Auf sein gutes Pferd Babieça
Grad und fest den toten Herrn;
Schwarz und weiße Niederkleider,
Ähnlich dem gewohnten Harnisch,
Den Cid an den Beinen trug;
Durchgenäht mit goldnen Kreuzen
War die Kleidung; ihm am Halse,
Eingefaßt mit der Devise,
Wellenförmig hing sein Schild.
Von gemaltem Pergamente
Stand ein Helm ihm auf dem Haupte;
Ganz in Eisen eingekleidet
Schien er da auf seinem Roß,
In der Rechte die Tizona. –

Neben ihm zu einer Seite
Ging Jeronimo, der Bischof,
An der andern ging Gil Diaz;
Beide führten den Babieça,
Der sich seines Herrn erfreute,
Der noch einmal auf ihm saß.

Sacht geöffnet ward die Pforte,
Die hin gen Kastilien führet,
Trabetor wird sie genannt.
Durch sie zog Pedro Bermudez
Mit gehobner Fahne Cids,
Neben ihm vierhundert Ritter
Zur Bedeckung ihr voran.
Jetzt nun folgete Cids Leiche,
Hundert Ritter um sie her;
Hinter ihr Doña Ximena,
Wohlbegleitet von sechshundert
Edeln Männern, ihrem Schutz.

Schweigend ging der Zug und langsam,
Leis, als wären es kaum zwanzig;
Aus Valencia waren alle
Längst schon, als der Tag anbrach.

Alvar Fañez war der erste;
Wütig stürzt er auf die Mauren,
Die Bukar hieher gelagert;
Ungeheuer war die Zahl.

Traf zuerst auf eine schwarze
Mohrin, die aus türk'schem Bogen
Gift'ge Pfeile tödlich schoß,
Also meisterhaft, daß man sie
Einen Stern des Himmels nannte;
Sie und ihre Schwestern alle,
Hundert schwarze Weiber streckte
Alvar Fañez in den Staub.

Dies gesehn, erschraken alle
Sechsunddreißig Mohrenkön'ge;
Furchterblasset stand Bukar.
Wohl sechshunderttausend Ritter
Dünkt ihnen das Heer der Christen,
Alle weiß und hell wie Schnee.
Und der Schrecklichste vor allen,
Reitend vor auf weißem Rosse,
Größer als die andern alle,
In der Hand ein' weiße Fahne,
Auf der Brust ein farbicht Kreuz,
Sein Schwert glänzete wie Feuer –
Als er anlangt bei den Mauren,
Breitet ringsum er den Tod.
Alle fliehen nach den Schiffen,
Viele stürzen sich ins Meer;
Wohl zehntausend waren ihrer,
Die die Schiffe nicht erreichten,
Die des Meeres Flut verschlang.
Von den Mohrenkön'gen blieben
Zwanzig; nur Bukar entrann.

Also siegt' auch nach dem Tode,
Weil San Jago ihm voranging,
Cid; gewonnen ward an Beute
Großer Reichtum, alle Zelte
Voll von Golde, voll von Silber;
Auch der Ärmste wurde reich.

Sodann setzten nach dem Willen
Cids die freundlichen Begleiter
Nach San Pedro de Cardeña
Ruhig ihre Reise fort.

69

Boten sandte jetzt Ximene
Auf der Reise nach Kastilien,
Boten an Cids Anverwandte,
Boten auch an ihre Töchter
Und an ihre Schwiegersöhne,
Zwei gekrönte Könige:
Daß sie kämen und den Feldherrn,
Ihren Freund und Vater, ehrten,
Ihm erzeigend noch die letzte
Trauervolle Liebespflicht.

Alvar Fañez war der Meinung,
Daß man in den Sarg ihn legte,
Diesen dann mit Purpur deckte
Und mit goldnen Nägeln schlösse;
Doch Ximene Gomez sprach:

»Cid mit seinem schönen Antlitz,
Mit den hellen, offnen Augen,
Soll er in den Trauerkasten,
In den fest verschloßnen Sarg?
Nein! Es sollen meine Töchter,
Meine Schwiegersöhn ihn sehen,
Wie er noch im Tode lebt.«

Angenommen ward die Meinung;
Eine Stunde weit von Osma
Sammlete sich die Versammlung,
Und der Ehrenzug begann.
Aragoniens König Sancho
Kam mit seinen braven Rittern;
Ihre rückgekehrten Schilde
Hingen an den Sattelbogen,
Schwarze Mäntel trugen alle,
Aufgeschlitzte Trauerkappen,
Nach kastilischem Gebrauch.

In der tiefsten Trauer waren
Doña Sol und ihre Damen,
Schwarz umhüllt mit Etamin.

    Fast erhob sich schon ein Weinen;
Aber schnell verbot Ximene
Alle Klagen, alle Tränen,
Weil der Cid es untersagt.
Ihres Vaters Hand zu küssen,
Nahten still verehrend beide,
König und die Königin.

    Auch der König von Navarra
Trat hinzu mit Doña Elvira,
Küssend ihres Vaters Hand.
Viele stille Tränen flossen,
Bis sie zu San Pedro kamen,
Wohin sich der Cid gewünscht.

    Selbst der König von Kastilien,
Als er von dem Zuge hörte,
Sandt er Boten, ihn zu grüßen,
Ehrenvoll ihn zu begleiten,
Eilte selbst hin nach Cardeña;
Und als er den Toten sah,

    Wundert' er sich seiner Schönheit,
Ordnete, daß, statt im Grabe,
Er auf einem prächt'gen Stuhle
Säße neben dem Altar.
Aufgerichtet, reich vergoldet,
Ward ihm schnell ein Tabernakel.
Länger als zehn Jahre saß er
Da in seiner vollen Rüstung,
Als ob er noch leibt' und lebte,
Die Tizona in der Hand.

Sancho, König in Navarra,
Zugenamt der Heldenmüt'ge,
Er, des großen Cids Urenkel,
Den ganz Spanien noch verehrt,
Mit Alfonso von Kastilien
Führet' er siegreiche Kriege,
Drang hinein bis über Burgos,
Überall gewinnend Beute,
Bis mit solcher reich beladen
Er hinwegzog, voll des Wahnes,
Niemand könn ihm widerstehn.

So kam er auf seinem Rückzug
In das Kloster de Cardeña,
Wo begraben lag der Cid,
Hochverehrt; denn niemand glich ihm
Seit der Zeit an Mut und Stärke
Wie an Güt und Redlichkeit.

Vorgesetzter dieses Klosters
War ein Abt, ein Mann von Jahren,
Der als Ritter einst in Waffen
Ehre sich und Ruhm erworben,
An Gestalt ein Mann von Ansehn,
Voll Gemüts; es drückt' ihn schmerzlich,
Daß der König von Navarra
Mit dem Schimpfe von Kastilien
Soviel Beute mit sich nahm.

Als der König zum Altare
Trat, bewundernd seine Fahne,
Deren gleich er in ganz Spanien
Keine nirgend je gesehn,
Riß der Abt sie vom Altare
Und erhob die Fahne – Cids.

»Wisse«, sprach er, »großer König,
Wiß, in diesem heil'gen Kloster,
Das mir anvertrauet ist,
Liegt ein Held, mit dessen Fahne,
Unter ihr darf ich mich messen,
Großer König, selbst mit dir;
Denn hier ist die Leichenstätte
Cids, genannt Campeador.

Eine Gunst von dir zu bitten,
Herr, ergriff ich seine Fahne
Kühn und trage meine Bitte
Dir in tiefster Demut vor.
Laß den Raub zurück, o König,
Den du unserm Land entziehest!
Dir gereicht's zu höherm Ruhme,
Wenn du ihn der Heldenfahne
Weihest und dem Grabe Cids.«

Einen Augenblick betroffen
Und nachdenkend stand der König
Über dieses Abtes Mut;
Dann sprach er: »Aus mehrern Gründen
Tu ich, Vater, was Ihr bittet,
Und laß meine Beute hier.

Erstens, weil ich, aus dem Blute
Des Campeadors entsprossen,
Der Urenkel bin von Cid.
Seine Tochter Doña Elvira,
Die Gemahlin Don Garzias,
Rühm ich, ist Großmutter mir.

Zweitens laß ich aus Verehrung
Gegen diese Heldenfahne
Und des hier Begrabnen Ruhm,
Eurer Obhut anvertrauet,
Gern die Kriegesbeute hier,

Die ich dann auch, recht gesaget,
Wäre jetzt der Cid am Leben,
Wohl nicht mit mir nehmen dürfte;
Nie wär ich so weit gekommen,
Hätte nie sie mir erworben,
Nie ließ er vor seinen Augen
Sie hinziehn aus seinem Lande,
Lebte noch der tapfre Cid.
Also laß ich sie dem Toten,
Euch zu frommem Brauch, zurück.«

Er befahl, und alle Beute
Blieb dem Kloster von Cardeña;
Sie ward eine fromme Stiftung.
Ein Wohltäter für die Armen,
Ein Beschützer der Verlaßnen
Ward der Cid auch in der Gruft.

Eigene Buchreihe oder eigenen Verlag gründen

Seit 2009 bietet tredition sein Verlagskonzept auch als sogenanntes "White-Label" an. Das bedeutet, dass andere Unternehmen, Institutionen und Personen risikofrei und unkompliziert selbst zum Herausgeber von Büchern und Buchreihen unter eigener Marke werden können. tredition übernimmt dabei das komplette Herstellungs- und Distributionsrisiko.

Zahlreiche Zeitschriften-, Zeitungs- und Buchverlage, Universitäten, Forschungseinrichtungen u.v.m. nutzen diese Dienstleistung von tredition, um unter eigener Marke ohne Risiko Bücher zu verlegen.

Alle Informationen im Internet: **www.tredition.de/fuer-verlage**

tredition wurde mit mehreren Innovationspreisen ausgezeichnet, u. a. mit dem Webfuture Award und dem Innovationspreis der Buch Digitale.

tredition ist Mitglied im Börsenverein des Deutschen Buchhandels.

Dieses Werk elektronisch lesen

Dieses Werk ist Teil der Gutenberg-DE Edition DVD. Diese enthält das komplette Archiv des Projekt Gutenberg-DE. Die DVD ist im Internet erhältlich auf **http://gutenbergshop.abc.de**